黄玉玲 著

活出必要的攻击性

敢于冲突

U0352999

FACING
CONFLICT

北京理工大学出版社
BEIJING INSTITUTE OF TECHNOLOGY PRESS

图书在版编目（CIP）数据

敢于冲突 : 活出必要的攻击性 / 黄玉玲著 .

北京 : 北京理工大学出版社, 2025. 2.

ISBN 978-7-5763-5140-8

Ⅰ. C912.11-49

中国国家版本馆 CIP 数据核字第 2025XY1193 号

责任编辑：王晓莉 　　　　**文案编辑**：王晓莉
责任校对：周瑞红 　　　　**责任印制**：施胜娟

出版发行 / 北京理工大学出版社有限责任公司

社　　址 / 北京市丰台区四合庄路 6 号

邮　　编 / 100070

电　　话 /（010）68944451（大众售后服务热线）
　　　　　　（010）68912824（大众售后服务热线）

网　　址 / http://www.bitpress.com.cn

版 印 次 / 2025 年 2 月第 1 版第 1 次印刷

印　　刷 / 三河市中晟雅豪印务有限公司

开　　本 / 880 mm × 1230 mm　1／32

印　　张 / 9

字　　数 / 159 千字

价　　格 / 59.80 元

推 | 荐 | 序

武志红

你觉得自己活得真实吗？

你有真切的存在感吗？

你会常常体验到自在吗？

你能充分享受与人的相处吗？

你能自如地谈判吗？

你能直接地谈利益吗？

……

如果这些问题，你不能给出肯定的回答，那么很可能是，你没有活出攻击性，你的攻击性被压抑了。

攻击性，是精神分析中的核心概念。弗洛伊德说，如果一个人不能象征性地、合理地表达自己的攻击性，就会出现心理问题；温尼科特形容说，每个生命都宛如一个气泡，若想在这个世界上彰显存在，都要扩张气泡的大小。所谓攻击性，就是气泡扩张动力的直接展现。

我喜欢直接说："攻击性就是生命力！"

如果你不能合理地表达攻击性，那意味着温尼科特所说的能量泡在你这里出现了坍塌。具体就是，你变得不敢表达，不敢捍卫自己，总是忍气吞声，生命不断萎缩，并且，你很容易成为滥好人，努力压制、拼命付出，然而你还会悲哀地发现，你的好并不能换来认可，特别是不能换来亲密，甚至会被辜负和背叛。

真爱，必然要从真实开始。如果你失去了攻击性，也就失去了真实，然后真正的爱与亲密，你也一并失去了。当然，攻击性，我从来不是说，你要直接地伤害他人。那样意味着，攻击性变成了破坏性。攻击性是中性的、原初的生命力，它可以被祝福，也可以被诅咒。把攻击性活成生命力，这需要智慧。

为此，我邀请了我们广州工作室的首席咨询师黄玉玲老师，解读攻击性，以便大家学会支配自己的力量，学会直面冲突，活出自在人生。我由衷觉得，黄玉玲老师是讲述这个主题的最佳人选，最直接的原因是，我在《得到》专栏写作的时间里，黄老师一直是我专栏的顾问，其间我们每周召开一次例会，进行各种探讨。在探讨的过程中，我发现，但凡涉及攻击性的话题，黄老师总有很多生动的故事，并且是一些成功表达、处理或转化攻击性的故事。就是说，在攻击性话题方面，她有大量饱满的故事，这是比有系统理论更为重要的基础。更深层的原因是，黄老师的父母、爷爷奶奶都是不好惹的人，特别是她的父母和奶奶，攻击性堪称爆棚。

在此分享一个黄老师的故事。

有一次黄老师的母亲和奶奶发生持续冲突，她父亲请奶奶离开自己家，奶奶叫了自己的娘家人来教训儿子。她请来的是黄老师父亲的舅舅和舅舅的四个儿子。这五个男人一起过来，特别是其中一个还是长辈，你可以想象那种场景的压力。舅舅对外甥说："这件事你做得不对，我必须打你一个耳光。"听到这句话，黄老师的父亲立即爆了，他说："你试试看，你要敢这样做，我会让你们五个都倒下。"

黄老师的父亲的确是一个"不好惹"的人，他有这个名声，他的气势也吓住了舅舅一家五个男人，虽然他们人多势众，但终究没敢动手。父亲"不好惹"，母亲也"不好惹"，奶奶也一样，同样地，黄老师也"不好惹"。这一家人都是活成了具有攻击性的人。但是，他们的世界是开放的，情商和人缘都很好，相互之间也充满情感，这感情中既有爱又有恨。

你必须活出攻击性，然后你才能真实，也因为真实，你才有可能建立真实的情感关系。当然，攻击性也有危险的一面，它不能简单地发泄，也不能真去伤害他人，真去搞破坏，而是把攻击性活成生命力，这需要智慧。

在把攻击性活成生命力这一点上，黄老师也是极好的人选。无论从数据上，还是从课程与训练营中直接反应上，她都是我们工作室最好的咨询师之一。就咨询方面，黄老师远胜于我。特别是黄老师在书中讲述个案，以及她生活中的细节时，非常有功力。不仅仅是因为她是极好的咨询师，也是因为攻击性的确是极为重要的命题。

从本书中，你将学到如何平衡自己的攻击性，以及升华、转化它，有策略地运用它。开启你隐藏的力量，活出一个有创造力、有生命力的自己，活出一个肆意畅快的自在人生。

推荐序 ｜ 在真实中获得自由

在这个崇尚"和谐"的时代，许多人为避免冲突，深埋内心真实的需求，以至于渐渐迷失自我。而黄玉玲的《别怕冲突：活出必要的攻击性》如一束温柔而坚定的光，穿透了层层伪装，直指内心深处的渴望。作为她的朋友与同行，我见证了她如何将多年的咨询经验与生活积淀凝结成文字，轻声唤醒读者心中那股被压抑的力量。这本书不仅是她对攻击性理论的深入解读，更是对每个人心灵的真挚关怀。

重新认识攻击性：生命的原始动力

在多年的咨询工作中，我见过太多人因压抑愤怒与攻击性而痛苦不堪。他们因害怕冲突，甚至羞愧于自己有这种情绪，渐渐将这份力量视作一种罪恶感的来源。而黄玉玲在书中指出，攻击性并非破坏性冲动，而是一股健康的生命力，是人之所以为人的真实动力，能够促使我们表达、创造与守护自我。这种理解源于弗洛伊德与温尼科特的学说，但黄玉玲巧妙地融入了当代视角，将攻击性阐释为一种维系边界、捍卫自我的权利。她形象地将它比作一个扩展中的气泡，生命力得以在其中不断绽放。

温尼科特提出的"虚假自体"概念，剖析了当个体过度在意外界期待、忽视内心需求时，内在的真实自我便会逐渐被防御性伪装掩盖。虚假自体，是一个人对外界妥协而失去自我的表象，使人温顺却缺乏真实感。久而久之，虚假自体让个体丧失自由，而攻击性被压抑成一股静默的力量。在黄玉玲笔下，攻击性被赋予了全新视角：它是对"真实自体"的追求，是我们保护自我需求与存在感的方式。只有当我们接纳攻击性，才有可能打破虚假自体的束缚，活出独立而真实的自我。

重建边界：在亲密关系中活出真实

黄玉玲以温柔而清晰的文字，告诉我们亲密关系并非排除攻击性，而是要学会以适当的方式表达攻击性，以此来强化关系的韧性。她在书中提到的"界限"概念，提醒我们亲密关系需要张力和距离，双方各自的需求与底线不仅需要被看到，更需要被彼此尊重。她提出，只有当我们不再惧怕自己的攻击性，才能在亲密关系中表现得更加自如、坦荡。正如她所说："攻击性是一种让我们真实存在的力量，它让我们敢于在关系中保留自我。"这种表达无疑带来巨大的启发，让人意识到冲突其实并不可怕，重要的是在冲突中如何去成长、如何去保护自己，同时也尊重对方。

阅读这些案例，我联想到自己在咨询工作中遇到的类似情形。亲密关系的价值，不在于一味迎合或牺牲，而在于找到平衡，在必要的冲突中表达真实的感受。这样的表达不仅使关系稳固，也帮助个体从虚假自体走向真实，使亲密关系成为自我成长的舞台。

化解内在冲突：自我觉察与内心重建的工具

黄玉玲提醒读者，攻击性并不是无缘无故的怒火，而是深藏的渴望、未被满足的需求的直接反映。书中展示的每一个练习，都是帮助我们与自我重新建立关系的桥梁。她提出的许多实际方法，是基于其多年的咨询经验总结而来的，既适合普通读者，也对心理咨询从业者大有裨益。她让我们明白，攻击性并非孤立存在，它与我们的生活、情感、信念紧密相连，成为我们为自我代言的一部分。在这些练习中，我们学会如何将被压抑的攻击性转化为建设性的力量，帮助我们建立起有界限、真实且稳定的人际关系。

结语：在真实中找到自由

对我而言，黄玉玲的这本书不仅是一部心理学作品，更是对心灵自由的探索。她通过对攻击性的深度剖析，帮助我们打破虚假自体的桎梏，使我们重新触碰内心真实，活出独一无二的自我。温尼科特曾说，只有虚假自体退场，真实自体得以表达，个体才能找到真正的自由与满足。黄玉玲的书赋予我们崭新视角，让我们明白攻击性并非需要压制的冲动，而是重建内心自由的基石。

作为黄玉玲的朋友与同行，我由衷地推荐她的这本《别怕冲突：活出必要的攻击性》。它不仅为大众提供了自我成长的指引，也为心理从业者带来启示。相信每一位读者都能在黄玉玲的引领下，发现内心深处的力量，打破虚假的面具，最终在真实中获得自由。

Andy Zeng

注册督导师

加拿大执业心理咨询师

推荐序｜敢于冲突

五年前此书首版。

我很激动，豪买10本送给身边的朋友，也趁机抬高自己：这是好书。认真看看，是我好友写的。

受书者问：你读了吗？

我哈哈大笑：嫉妒都来不及，怎么会读？

又问：你没读，胆敢说是好书？

我眨眨眼：因为知玉玲甚深。

我深知玉玲者，活得就像街市口早餐铺七八点钟刚出笼的馒头，热气腾腾，烫手诱人。

我俩相遇在国际女性议题专家Arlean的督导小组。督导就60分钟，瞧她！问题那么多，句句逼向老师，还时不时插话"我感觉……""我感觉……",哪里那么多"你的感觉"！我打小乖顺懂事，见其行事便暗落落地不顺眼。

谁知，等到玉玲要离开，我却又无名火大。离情未起暴怒陡生，颇说了几句狠话。这女子倒好，但笑不回应，隔天情意绵绵送来一堆软语。

探其究竟，是一年多的专业讨论，我暗地里偷师她的率真计较，嫌弃早抛诸脑后，心底滋生欣赏敬意。突被告知去意，甚为不舍，竟学了她的攻击模样。玉玲深谙此理，不跟我的狠话计较，倒先见我恨意底下的深情。

多年相交，钦慕嫉妒。

在我眼里，玉玲，就是拉康说的"不要在你的欲望上让步"的主体。

在拉康看来，一个人要活成为一个主体，那么当怀有爱欲的时候一定要坚持到底。这个欲望不是追求满足，不是追求庸俗意义上的需求的满足，不是追求车厘子自由、财务自由。拉康说的欲望，是主动追求欲望的再生产，是追求永远不满足的状态，是要永远有一种消灭不掉的欲望涌现出来。并且，在这样涌现的欲望面前不让步，保持一种姿态，敢于冲突，坚持到底，就能穿越幻想，得到真正的生命的自由。这，是攻击性的升华！

未被升华的攻击性出处何方？且退回到生物学层面。

神经精神分析学家Mark Solms以严谨的神经科学研究，有力佐证人类七大基本驱力之一就是"没有阻碍"。如果有什么客体阻挡主体我满足自己的欲望，就想要攻击和摧毁，暴怒是其情感表现。所谓"顺我者昌逆我者亡"！可惜，几千年的文明演化，只把这样的原始本能力量赋予王侯将相。我等平民世代相传，在俄狄浦斯前期父母就阉割了子女的暴怒性攻击欲望。是阉割制造的恐惧，让一代又一代的我们，远离了自己的攻击性。与其说是害怕冲突，不如说害怕在制造冲突时父母的威慑，只是这种威慑被记忆驱除，唯余预测到冲突将要发生时瑟瑟的身体在提醒"危险"！但个体理智又觉得这个冲突并不严重啊。

这种摧毁阻碍的基本驱力，如果完全没有情感涵容的文化背景，野蛮生长的结果就是导致反社会人格，沉浸于全能自恋无法自拔；如果阉割过于残酷，暴怒乔装打扮变成依赖、拖延，惹得关系里的另一方替他暴怒；如果阉割得更彻底，最终攻击朝向自身，抑郁症就是无法表达的攻击性的症状。

Mark Solms发现的基本驱力还有"渴求依恋"，依恋不被满足导致惊恐，依恋反复长期不被满足，深刻的悲伤如寒冬将至。惊恐悲伤的对面是安全满足感，这种感觉如土壤，攻击性得以发展转化，土壤贫瘠则焦虑郁郁丛生，攻击性变得萎靡不振。所以，在儿童青少年的案例里，我们经常可以看到儿童期的惊恐慢慢会发展为焦虑，到青春期焦虑泛化后转变为全面的黑色抑郁，孩子的生命力日渐枯萎，令人唏嘘。

这是一个更好的时代，"主体性""生命力"这样的主题不断被命名阐释，这也是一个更糟糕的大数据时代，人全方位地被算法和媒体符号异化。

玉玲说，要定，要容，要真。深以为然。

定，是守住具身感受保持心理边界；

容，是虚怀若谷与欲望保持张力；

真，是胆敢行动胆敢冲突践行本真。

如此，将得自由。

琦君

个人执业心理咨询师

2024.11.02　浙江乌镇

再│版│自│序

　　五年前这本书的面世，正赶上整个社会都在说要"活出自己"的大时代，但是很多人很迷茫，到底怎样是"活出自己"。尤其许多二十世纪八九十年代前后出生的中青年人，处在新生代与老年人之间。很多人也已经成为父母，正在养育子女。无论是"活出自己"，还是给孩子打好基础，帮助孩子"活出他们自己"，这种内心奔腾的生命力已经浩浩荡荡地展开。但在这个过程中遇到了很多困难。

　　困难一，很多人不了解自己，不知道自己的生命力状态是什么样的，不知道自己想要的是什么，以及该往哪个方向努力。

　　困难二，生命力不能绽放的底层逻辑，是生命力被压抑了，这一点不容易被意识到。这种压抑和许多因素有关，如文化影响、养育经历、所处环境等。被压抑的生命力，在过度累积之后，扭曲变形，成为黑色生命力，俗称"攻击性"。

困难三，对攻击性有许多误解，认为攻击性是可怕的，是恶魔，会毁掉我们的生活、毁掉我们的一切。这是把攻击性等同于破坏性，这是对生命力的误解与辜负。

这些困难在五年后依然大面积存在，困难的背后是深层的内在冲突，是一种文化认同的交战，是精神世界你死我活的杀戮。如果我们可以了解为什么会有这些冲突，以及我们可以为此做点什么，那一直在黑暗深处蠢蠢欲动的生命能量，就不需要如此被压抑而扭曲和变形，它们将有机会以一种被欢迎的姿态进入光明。

我很荣幸这本书的再版将能够把许多关于"攻击性"的疑惑重新解开，被误解的攻击性将被重新赋予意义。内在冲突将会有机会达成和解。

这些年，我在临床咨询工作中，有幸见证了很多生命在内在冲突和外在冲突维度上的发展、转化和升华。比如，有的突破了和父亲的关系，终于可以在自家公司里带领团队，创下佳绩。有的完成了和原生家庭的分离，不再一味愚孝，不再一味去付出和牺牲，而是把这份力量收回到自己身上，获得家庭和事业的双丰收。有的终于明白自己想要的是什么，把原来消耗自己的关系推掉，把时间投入自己最深爱的领域，从而获得很深的滋养和意义。

我把这些都理解为，活出了自己的攻击性。调和内在冲突，让那些需要都能够安在，同时绽放自己最广阔而深刻的生命力。

在我和武志红老师几年前的一个合作项目里，我们经常见面，进行头脑风暴，我在讲述这些故事的时候，无意识间启动了很多"攻击性"的视角。这些被武老师敏锐地发现，并建议我从攻击性这个维度做深入探索。

而我本人从小也是"不好惹"的孩子，且出了名的倔脾气，因为我成绩好，很受老师宠爱，同学们也没有谁敢欺负我，这给我带来了一定的困惑，但也给我带来了许多好处。一路到现在，我遇到过很多黑暗的时刻，有许多的痛苦和纠缠，也有我自己的成长创伤，我用自己的"攻击性"，一步一步完成分离，达到了现在的生活和职业状态。现在是我对自己最满意的阶段，我从未像现在这样感觉到踏实、有信心、有希望。

我越来越坚定地认为，攻击性是成长中最不可忽视的力量。

著名的客体关系大师温尼科特曾说：生命力和活着的感觉，都与攻击性相连。

攻击性满足的是一种分化的欲望，透过攻击性，建立与他人和这个世界的关系，探知这个世界的边界，是一个人真正走向成熟的必经之路。

在亲子关系中，对孩子光有爱，没有边界，是不足够的。没有边界的爱不是真正的爱，也不会带给孩子脚踏实地的支撑感。

在个人成长中，如果忽视了内在的攻击性，攻击性的部分就会被过度压抑，那么个人成为一个表面上的老好人，永远无法为自己而活。

在亲密关系中，合适地表达攻击性，可以让关系双方都有看得见彼此的机会，只有理顺了攻击性、性和自恋这三大生命动力，才能拥有真正的亲密感。

基于以上这些，我和武志红老师的团队，决定对这个主题做一个更加系统地了解和构建，于是就有了现在这本书。

这也是一本我和读者共同创作的书。在这个过程里，每周都会有许多读者阅读这些内容，提出疑惑和反馈。我挑选了部分留言，放在这本书里面，在每一部分的三小节之后就有一个互动部分。除了整书的框架部分，我最爱的就是这些和读者的互动，这也正说明了一点，我喜欢跟人有连接，大过于一个人在那里自说自话。于我而言，这种生命力的流动，是让我极其享受的。

同样，我也希望通过对这个主题的探讨，可以帮助大家重新认识内在"被误解的攻击性"，打开有关攻击性的全新视角，甚至，你也许会因此爱上自己的攻击性。如果能做到这么深的接纳，我相信，你一定能更深地理解自己，那么活出自己只是一个时间问题。

最后给大家分享一位朋友的小故事。

周末去车展，她的老公看上了一辆超跑，兴奋得像个孩子一样，不停地看来看去，不停地找销售问价格和车辆的各种情况，但是又显得很犹豫和拿不定主意。她知道老公想买，但脑子的一个小角落里冒出各种评判的声音：这么贵，有什么必要！现在的车已经很好了，才开五年，正是最好开的时候，这时候换车多浪费！又没有试驾过，怎么知道会不会买了又不喜欢了！等等。然后，她微微一笑，走到老公身边，挽住他的胳膊，温柔地看着他说："你这么喜欢，就奖励一下自己吧！"

去喜欢自己的愿望，尊重它的出现，并付诸努力去实现它吧，你会发现，这才是真正地活着。

目　　录 | contents

第一部分　看见攻击性

一、攻击性之真实之美

在这一节中，我将从三个方面为你讲述一个不一样的攻击性，这可能会让你对攻击性有一些颠覆性的认识。

什么是攻击性？

我们先来了解一下，什么是攻击性。

先看看下面的这三个场景，想想你自己是否也有攻击性冲动。

想象你是一个孩子，正在专心致志地搭一个积木，眼看快要搭完了，你的小伙伴跑过来恶作剧式地把它推倒，并傲慢地拒绝道歉。

继续想象你是一个孩子，你正在兴致勃勃地搭一个积木，爸爸或妈妈走过来，对你搭的积木进行各种指点，认为你应该搭成那个样子，而不是搭成现在这么难看的样子。

想象你仍然是一个孩子，积木已经搭成，满怀期待喊爸爸或者妈妈来看，你迫切地希望与他们分享自己的成果。但是爸爸在打游戏，头都不抬一下，让你喊妈妈，而妈妈正在做晚餐，顺口埋怨地问你，为什么不喊爸爸来看。

这三个场景并不陌生，当我们正在建造的东西被破坏掉；当我们正在进行自己喜欢的事情，却被打断、被批评、被贬低；当我们满怀期待想要跟亲爱的人分享自己的成就，对方却表现出冷淡、埋怨和漠视。这些都会使我们有一种不舒服的感觉，会生气、会沮丧，还会想吵、想闹。

现在，请仔细感受：当这种感觉到来的时候，你是不是会有种冲动，想要还击，想去破坏，想让对方知道你心中有多么的不爽。这种冲动，就是攻击性冲动。每个人的心智层面都有攻击性，但是不一定表现出攻击性行为，所以我们把它称为一种攻击性的冲动。当人们的内心感觉到一些外在危险，自然而然便会产生一种本能的冲动，这种冲动具有防御的功能，同时也是应对挫折的一种本能反应。

在上面三个场景中，你可以看到攻击性冲动在关系之中，往往表现出一方对待另一方的方式具有攻击性。当你侵入他人的心理边界，当你肆意评判，当你忽视对方，这些也是在表达攻击性冲动，同时也会唤起对方的攻击性冲动，导致冲突的升级。换句话说，攻击性冲动对于我们的人际关系、内在感受和生活状态有着至关重要的影响。

真实面对自身的攻击性冲动

为什么我们常常会用这样的方式来表达自身的攻击性呢？

一个最直接的原因就是，很多时候我们无法直接表达真实的自己。什么是真实的自己呢？真实的自己就是与自己内在的真实情感连接在一起，不去伪装、遮掩，对自己坦诚，对他人也能够坦诚。当你无法与真实的自己发生连接，这意味着有一些障碍挡在了当下的你与真实的自己之间，也挡在了你与他人之间。这些障碍，可能让你感到难受、恐惧、愤怒，但是你却难以表达出来。这些感觉常常让人感到不舒服，为了感觉舒服一些，我们就会启动防御机制。这就好比，古代建造一座城墙，有了这个防御工事，住在城里的人就会感到安全一样。

我们每个人都有或多或少的"假面时刻"，这是一种防御策略，它就如同面具一样，你的所有心理活动也都是通过面具来表达。就像在书中看到的第一个场景中，如果那个小伙伴愿意面对自己的过错，勇敢承担，对你说："对不起，我看你搭得这么好，我却搭不出来，我很生气把它推倒了。"如果听到这句话，你的感受就会很不一样。虽然你也会生气，却没有了攻击性的冲动。

同样在另一个场景中，如果父母能够意识到自己对孩子没有达到自己的期望而感到愤怒，那么就能够真实面对自己的愤怒。父母也能够反思，自己这样做对孩子是不公平的。如果他们对孩子说："我不断地挑剔你，是因为我对你投入了太多的期待。我没有意识到这一点，现在我知道了。很抱歉让你受了这么多委屈。"当父母可以真实表达自己的愤怒时，就能够看到一个真实的自己和孩子。

在第三个场景中，如果父母能够看到真实的自己很累，需要休息，就能够坦然面对并且告诉孩子："我实在太累了，刚刚无法回应你。这让你不舒服了，我希望我们还有机会再来看看你的积木作品。"当你诚恳地表达出自己真实的想法，孩子也会学着理解，他因为被拒绝而产生的攻击性冲动也就被化解了。这样的方式既是直面自己的疲惫和无助，也能够帮助孩子看到真实的父母，双方都可以真实地表达自己。

当受到的伤害被看见、被承认、被尊重时，自身的攻击性冲动就会减弱，你就会感受到真实呈现带来的一种力量之美，这就是真实地面对自己的情感带来的改变。

咨询关系中的真实与坦然

在咨询中，我经常遇到这样的情形。有时候我没有真正理解来访者，对方表现出愤怒，如果我的反应是防御式的，那么就会使咨询关系的张力变得更大，甚至陷入僵局。但是，如果我放松自己，允许自己更加真实地存在于关系之中，双方就会体会到彼此真正的感受。

来访者可能正在经历着某种挫折，当我无法真正理解他的时候，对他来说就是一种失望，双方的关系中隐含着一些攻击性冲动。如果我采取回避或是防御的方式去面对，对于来访者而言无异于否定了他的感受，这也会令来访者感到自己被咨询师攻击。

咨询关系中双方攻击性冲动的交互作用，往往会使咨询关系无法进行下去。更加有效的方式就是坦然面对。在咨询中，当感受到来访者表达出的攻击性冲动时，我一般会这样对来访者说："你觉得我刚刚没有理解你，你感到失望，这种感受你是否愿意多说一点？"就是这样一句话，意味着咨询师走进了来访者的世界之中，真实地看到、理解并且尊重来访者的感受。

生活中的真实之美

攻击性冲动和攻击性行为在关系中来回穿梭时，真实的表达可以带来力量。这种真实的表达同样存在于生活中的很多方面。

我有一位朋友，她是特别有魅力的情感问题专家，她的每一次讲座总是能吸引很多人的关注。很多粉丝说她的讲座简单明了、深入浅出、逻辑清晰，温暖而深情，总是能够打动人心。有一次，我就问她："你受到这么多人喜欢的原因是什么？"她说自己并没有什么特别的本事，自己说的只是很真实的东西。她把自己看到的、体验到的、相信的，分享给大家，仅此而已。这就是真实的力量。我也曾经问过她的粉丝，为什么这位老师的讲座如此吸引你？对方告诉我："因为老师讲得很清楚、很走心。以前也听过一些其他人的讲座，当老师的表达不够直接的时候，我也听得不舒服，甚至会感到生气，就会觉得哪里不对，感觉被堵住了。听了这位老师的讲座，就感觉五体通泰，所以特别喜欢。"

我自己也深有体会，当某个人说话总是绕来绕去时，我自己也感觉挺厌烦的，很快就会失去倾听的兴趣，甚至会莫名其妙地感到生气。所谓绕来绕去，其实就是没有跟事物的本质连接，表达中自然也缺乏真实的力量。真实，意味着你需要透过面具，看见那个一直想要隐藏的自己。面具的背后，可能是脆弱，可能是羞耻，也可能是恐惧，但是无论是什么，一旦你能够诚实地看到它、面对它，你就会有更多的内在力量，而不会以攻击性的方式去面对冲突、处理冲突。

举一个生活中我和孩子之间的例子。

我状态好的时候，对孩子也有更大的耐心和温柔。但遇到状态不好，自己又没有意识到的时候，也凶过孩子。

有一次，我的女儿跟我说："妈妈，你对我凶的时候，一点也不美。当你温柔地跟我说话的时候，你就像花儿一样美。"

凶她，意味着我在防御，我感觉到一些不舒服，却没有直接说。真实的自己是，那个时刻，我状态不好，没有力气，也不想回应更多。如果我不正视这一点，我就无法连接我的真实感受和需要。我给出来的回应大抵就是带有攻击性和敌意的。

一旦我意识到这一点，就可以回到当下来决定我到底要什么。我认为我既要尊重自己的需要，还有一个做母亲的需要。我既想关照好自己，也要看到这个时刻，还有一个孩子对母亲的需要。我并不想因为我的情绪而伤到孩子，她的需要也没有错。但我现在只能先休息，做不了更多，而我能做的是承认我现在做不了更多，并跟她说：宝贝，我现在很累，我需要先休息一会儿，等我休息好了再回应你的需要。

我观察了一下，当我没有敌意地对她这样讲的时候，她一般都是能够接受的。

真实的人，总是散发出独特的魅力，既不会因为恐惧而过度迎合，也不会因为自卑而过度讨好，他就是那样一个真实简单的存在。与真实的自己连接，真实地去表达，才能使攻击性冲动得以转化、升华。真实，就像花儿一样美好，就像我女儿说的那样。

本节要点：

每个人的内在都有攻击性，但是不一定表现出攻击性行为，所以我们把它称为一种攻击性冲动。

当人们感觉到一些外在的不快、危险时，自然而然便会产生一种本能的冲动，这种冲动具有防御的功能，同时也是应对挫折的一种本能反应。

当我们不能真实坦诚地表达自己时，便会采取防御的方式处理冲突，而过度的防御往往会使关系陷入困境。

当我们真正地看见自身的攻击性冲动，就会重新找回与真实自己的连接，也将有力量去化解冲突中的攻击性。

二、攻击性之流动之美

如果说，我们把攻击性看作岿然不动的高山，那么情绪的流动就是时而湍急、时而徐缓，充满灵动、张力和变化的水流。前面一节中，我们说到与真实的自己连接，就是看到关系中流露出的攻击性冲动。当这种冲动能够被接纳、理解、转化、升华，你就会感到通畅，与他人和自己的关系也会更和谐、更顺畅。你会发现，两人打闹一场之后，关系还更加亲近了。

晓文和我之间的故事

分享一个我在咨询中的故事（书中所举咨询个案的事例，均已获得来访者的同意并且使用化名）。

这个故事中的主人公叫晓文。我们的咨询关系已经快两年了，最近几次咨询中，她表示正在考虑要不要继续进行咨询。我问她发生了什么事情吗？她告诉我，感觉咨询没什么作用，也帮不了自己什么，感觉做咨询既浪费时间，又浪费金钱。我请她说说为什么感觉咨询没什么作用，她却说没什么可说的，就是感觉对自己没有作用。显然，晓文与我之间的咨询关系陷入了僵局。彼此都有一种感觉——某种能量被卡住了、凝固了，甚至变得没有温度，也没有希望。

我感到晓文心里有许多不满，但是她无法直接表达出对我的愤怒、对咨询的愤怒，甚至在某种程度上对她自己的愤怒。她的情绪流露出一种幽怨的无助感，以及随时准备逃离的紧张感。咨询中，我听着她的诉说，很明白，无论她以什么样的方式表达，在她的身上始终有着难以言说的痛，而这个痛需要咨询师的完全接纳和承托。我对她说道："是啊，感觉什么帮助都没有的时候，真的会想要离开。"

晓文真正要表达的是什么？是她对我、对咨询本身的失望吗？我们谈论失望，又谈到了她的愤怒。这时候，晓文才提到一年多以前，她就对我挺生气的，但是那个时候不敢说出来。这次也是鼓足了勇气才说出来的。对她来说是做出了很大的努力才表达出这种情绪。这个时候，她的情绪需要被接纳。我鼓励她说出自己的真实感受，我相信这些挡在我们关系之间的障碍被看见之后，它会化为流水，成为我们关系的助力。

晓文说道："上一次咨询，我就对你挺失望的，因为我做不到你说的那样。我觉得你没有理解我的无能为力。"她又说道："我也很生气。"晓文说得真诚而且勇敢。我对晓文说看到了她的失望，也感受到她多么渴望我真正地理解她。这时候，我明白了她对我的愤怒。我的回应让她有了一些安慰，紧绷的情绪看起来轻松了一些，仿佛阴霾的天气有了转晴的迹象。随后的咨询中，晓文对我说上一次咨询好像发生了一些特别的事情，结束之后，走在回家的路上好像闻到了春雨的味道。她说那是自己很久都没感受到的味道了，那一刻，自己有一点爱上了自己居住的城市。

这真是一种特别美好的体验。那种感觉就像挡在水流中央的石头被看见，并且如魔法般消失了。情绪的水流变得更加顺畅，也更加欢快。

有人理解你，给你承托

我的一位咨询师朋友告诉我，她第一眼见到自己的督导师（可以理解为咨询师的咨询师）时，就感觉自己不喜欢对方。转念一想，反正督导费已经付过了，钱也退不回来，干脆把心里的不爽一股脑儿都说出来。结果，神奇的事情发生了。我的咨询师朋友告诉我，说完心里的这些不爽，心情特别舒畅，感觉压在心底的愤怒一下子就消失了。果然她的督导师功力很深，任你刀剑凶猛，我自岿然不动。

这位咨询师朋友对我说，自己和这位督导师之间的过招感觉就像一条溪水，爱和希望流进了心田。一番刀剑迷雾的过招之后，有人理解到你，给你承托，确实有春风化雨般的美妙感受。有过咨询体验的人会有这样的感觉——当你的攻击性冲动朝向了自己的咨询师，如果对方能够承托你的攻击性冲动，并且真正通过攻击性冲动理解到你，你们之间的咨询关系也会变得更加亲近。

当然，我这么说并不是鼓励肆意地去释放攻击性冲动，而是说当你在咨访关系里感觉到不舒服时，可以尝试着表达出来，从而给咨访关系一个机会，把堵在你们中间的石头消除掉。咨访关系，无论对咨询师，还是来访者来说都是一种特殊的关系，而专业咨询师的受训经历可以承托你表达出来的攻击性冲动。事实上，如果你在咨访关系里有足够多的安全感和信心，便能够渐渐允许自己有更多的真实性表达，这个经验将帮助你在咨访关系之外，表达出攻击性冲动的时候也会更有建设性和通畅。

妈妈婆婆仇人变闺密

很多人可能要问了，自己没有去接受心理咨询，攻击性冲动表现在日常生活中又是什么样呢？

这也让我想到，曾经有一个网友给我留言，说到有次自己的妈妈和婆婆大吵了一架，甚至大打出手，可神奇的是大吵大闹之后，两个人竟然成了闺密。原来，两个人吵着吵着觉得不过瘾，就动手打，打着打着两个人都哭了起来。上一秒好像是前世冤家，下一秒一把鼻涕一把泪竟然变成了共患难的姐妹，两个人把压抑在心底的委屈和怨恨一股脑儿哭出来之后，竟然相互安慰、惺惺相惜。原来我受过的苦，你也明白；我经历的难，你也经历过。很多网友看得傻眼，都说太戏剧性了。

最初，看到这条网友的留言时，我也觉得不可思议，但是仔细一想，逻辑上似乎还真是这么回事。无论是吵是打，还是哭，都表达出了她们真实而强烈的情绪，也真实地表达出了她们自身的攻击性。当攻击性冲动被真实地表达出来、被看见、被理解，似乎人也变得柔软了一些，更容易看见彼此真正的样子。

我无法在此刻满足你，可是我爱你

我与女儿的关系中常常也有这样的情况发生。有次暑假，女儿在奶奶家，心情不好发脾气，怎么说都没用。她说只有家里小仓鼠的照片才能让自己高兴，问我有照片吗。当时，我感觉自己被逼到了，但是又不得不面对女儿的情绪。我对她说妈妈现在没有在家，没办法满足她的这个心愿。接着说道："真的抱歉啊，明天保洁阿姨来家里工作时，帮忙拍小仓鼠的照片给我们，我现在没有办法满足你，但是我爱你。"女儿看到我发来的信息，虽然多少还是有些不满，但是过了一会儿，就发来信息说："妈妈，我去玩了。"

当孩子的情绪无法消化时，很多时候就会把这种攻击性冲动朝向父母，这是很正常的。有时候，女儿也会把气撒到我身上。最重要的是，作为妈妈可以承托孩子的情绪，孩子也会在这个过程当中慢慢学会如何转化自己的攻击性冲动。就像我与女儿的例子，我诚恳地告诉女儿什么时候可以看到小仓鼠的照片，但是接下来我会告诉她当下我没有办法，前一句是给孩子希望，后一句是关于事实，最后告诉孩子我爱你。这表示无论如何，我们的关系是良好的、健康的，"妈妈一直在你的身旁。"这里还有一点要注意，给孩子希望，就一定要做到。

外在照顾者与内在照顾者

回过头来看看这节中讲到的几个例子，它们都有一个核心的东西，就是当你的攻击性冲动表达出来之后，有一个容器能够承托是非常重要的。

首先，你要学会去寻找那个能够承托你的情绪、攻击性冲动的对象。同时，还要考虑到双方关系的牢固性。

这时候，你的感觉会对你有一些帮助，如果直觉上你不能够跟那个人说那些话，说明这个关系或这个人在那个当下对你是不安全的。

这两个维度的考虑是给自己一个合适的容器。这样做是因为，我们想要表达出攻击性冲动时，往往会担心关系的破裂，而不敢表达。如果表达这些冲动之后，彼此的关系依然是安全的、良好的，那么你的攻击性冲动就会被转化。

我把这种承托和容纳理解为妈妈子宫的延伸，又称外在照顾者。我们都知道子宫能够容纳孩子、保护孩子，并且为其提供成长养分。当孩子离开子宫，父母的内在心智空间会成为孩子新的容器。当我们逐渐长大，生命当中还会有各式各样的具有承托和容纳功能的对象出现，帮助我们成长。

比如，现实中我们或许都有过这样的经历：当你想要表达的时候，父母却充耳不闻、没有反应。这种感受在孩子看来是一种关系的断裂，他的很多情绪就无法经由父母的承托和容纳得到消化。而攻击性冲动的转化，是表达出来能被容纳而不断裂，这恰恰是这种转化的基本要素。

再来说一说，情绪的内在流动，是通过我们自身的内在照顾者让情绪流动。所谓内在照顾者是由大部分外在照顾者的承托和容纳内化形成的自我意象，渐渐地发展成自我的一部分。换句话说，如果你被外在照顾者关照过，你的内心会留下这些经验，渐渐你也学习到了怎么照顾自己。我们每个人都能够发展出这样的心理功能。

所谓内在的流动，其实也就是内在关系的情绪流动。比如，当令我们感到不舒服的情绪出现时，就会启动内在照顾者的模式。它会给我们提供一个空间，允许那些不舒服的情绪流经我们身体的每一个部分，这个过程也会经历各种想要逃避、恐惧、绝望的状态。但是这些情绪在内在照顾者的承托和容纳下会慢慢地消散，你会体验到一种快乐和平静。虽然并没有外在照顾者的陪伴，但是在内在照顾者的承托和容纳下，你自己也能做到让攻击性冲动表达出来的情绪流动起来。

当我们的攻击性冲动带来负面情绪时，借助外在照顾者和内在照顾者允许这些情绪流动起来，经历险滩、漩涡，你会感到这些情绪变得通畅，彼此的关系也会更和谐、更顺畅。

本节要点：

把攻击性看作岿然不动的高山，那么情绪的流动就是时而湍急、时而徐缓，充满灵动、张力和变化的水流。

当你的攻击性冲动表达出来之后，有一个容器能够承托是非常重要的。

攻击性冲动的转化，表达出来能被容纳而不断裂是这种转化的基本要素。

内在照顾者是由大部分外在照顾者的承托和容纳内化形成的自我意象，渐渐地发展成自我的一部分。

在内在照顾者的承托和容纳下，你自己也能做到让攻击性冲动表达出来的情绪流动起来。

当允许不舒服情绪流经自己的身体，你会体验到水一般的柔美与平静。

三、攻击性之活力之美

当我们表达自身攻击性冲动时会呈现出一种张力，有时候可能并不是那么让人舒服，但是这种张力却很迷人。

可以吵闹，可以狂欢

我有一位朋友，他们家在当地算是富庶之家，他是家中的独子。毕业参加工作之后，家里的父母就给他物色了一位貌美如花、品性温良的姑娘做媳妇。老两口对物色的这位准儿媳相当满意，但是我这位朋友却不喜欢，最后勉强娶回了家。他告诉我，自己实在对这个女人没有兴趣，因为对方什么事情都听自己的，日子过得一点意思都没有，最终他选择了离婚。

离婚之后，他找了一位女朋友，容貌上比不上前妻，性格上甚至完全相反，看不出来特别之处。我很好奇他的这个选择，问对方，其究竟哪里吸引了他。我这位朋友说道："她敢和我吵、敢和我闹啊！我跟她在一起很有趣、很有意思！"他说这话的时候眼睛都发亮，显然和这位女性在一起很快乐。如今，她已由女朋友变为妻子，并且生了两个孩子，一家人吵吵闹闹，又和和美美。

很多人觉得无法理解，一个温良恭顺的妻子不是大多数男人梦寐以求的吗？但是我这位朋友却不喜欢。他告诉我自己跟前妻在一起，整个人像是死掉了一样，感觉特别压抑。特别压抑的感觉，究竟压抑的是什么呢？其实就是他自身的攻击性冲动。我们每个人的内在当中都隐藏着一个具有攻击性的小精灵。

从心理驱力的角度来说，当事情不能如我所愿，心理驱力就会受到阻碍，整个人就容易呈现出一个僵化的状态。比如，我的这位朋友对待前妻的态度就是这样：被安排的婚姻，非自己所愿；虽然貌美如花，却并非自己所爱。对他来说，对方应该是一个可以激发出自己内在攻击性冲动，可以吵、可以闹的伴侣，那才是真正的人之幸事。因为这样的伴侣关系才有活力，而前妻的温良恭顺让我这位朋友无从安放自己的攻击性冲动。

虽然前妻符合大多数男性对于妻子的想象，看起来无可挑剔，但是这样的婚姻生活仿佛一潭死水——令人窒息。这位朋友与前妻之间的关系相互没有交集，或者说，他不想与伴侣产生交集，他们的关系没有进入亲密关系的阶段，只是由表面上的婚姻之壳在维系。他与现在妻子之间的关系就明显不一样了，可以打闹，可以狂欢，这种充满活力的感觉，实在是一种滋养，婚姻关系也呈现出一种有力量的美感。

孩子闹腾是生命力的呈现

我们再来说说关于孩子的攻击性冲动。

我的一个朋友生养了三个儿子，她给自己取了个昵称"儿子成灾"，是不是听起来就特别有画面感。我问她养育三个儿子是种什么感觉？她说你看昵称就明白了，这感觉真是死过了几回。我觉得我这位朋友的前世一定是只猫，有九条命嘛。

家里有三个男孩确实经常会上演一场场超级情景大片，想想那些好莱坞大片的经典枪战桥段，呈现出的可是满满的攻击性。看完之后，我们热血澎湃，好像自己也参与了一场激战一样。虽然我这位朋友常常苦恼自己有时候被三个男孩搞得筋疲力尽，但是有次她情绪低落地对我说："孩子们这几天生病了，一个接一个地发烧，家里一下子变得安静了许多，我还是希望他们赶快好起来，继续闹腾吧。"孩子生病了，没有精力再闹腾。那时候，你想让孩子闹腾闹腾，他都没精力，根本没法像平时一样活力四射。这时候，作为父母，看到他们憔悴的小脸、软弱无力的身体，内心还真是希望他们闹腾闹腾。

我们说的孩子闹腾究竟是什么？其实就是活力、生命力。你能从孩子身上感受他整个人精力充沛、流动着的旺盛生命力，所以孩子的情绪能量很容易感染周围的人。朋友和我开玩笑说，自从养了三个男孩，发现自己都不容易抑郁了，因为根本没有时间抑郁啊。

孩子在幼年时，不仅仅会表现出积极、旺盛的生命力，还会表现出让照顾者感到不舒服的破坏性，这些都是攻击性的一部分。孩子的旺盛生命力在日常活动中释放出来的这些攻击性冲动，可以帮助他们学习如何与自己相处，如何与他人相处。我们每个人的精力有限，当孩子旺盛的精力没有得到发泄时，作为照顾者的我们常常会感到比较辛苦。在后面章节中我们会解释为什么会这样。

老年人也可以肆意地活出生命力

当我们提到老年人时，往往容易联想到老态龙钟、行动迟缓、软弱无力，伴随着绝望、消亡的感觉。老话常说，"隔辈亲"，很多老年人都喜欢和孩子在一起，为什么呢？因为孩子身上的活力和旺盛的生命力，可以让他们感觉到快乐、希望，也更容易被感染，从而减轻他们对衰老和死亡的恐惧。他们甚至能够以宠爱的眼光看待孩子身上表现出的一切攻击性。对于老年人来说，攻击性，或者说攻击性冲动代表的就是生命力，代表着活着的感觉。

在此分享一位老奶奶的故事。美国有位摩西奶奶，出生在农家，仅接受过有限的教育，七十多岁的时候因为热爱绘画开始自学，八十多岁的时候还在纽约举办了画展。摩西奶奶一百岁的时候，有个日本年轻人写信问她，该不该为了自己热爱的写作辞掉外科医生的工作？摩西奶奶的回信是一张画了谷仓的明信片，上面写了这样一句话："做你喜欢的事情，上帝会高兴地帮你打开成功之门，哪怕你现在已经八十多岁了。"这位来自日本的年轻人后来成了享誉世界的知名作家，出版了《失乐园》《光与影》等五十多部长篇小说，他就是渡边淳一。

摩西奶奶说做你真正喜欢的事情，那才是你的天赋所在。确实，做你自己喜欢的事情，你也会迸发出更多的活力。摩西奶奶把自己晚年对死亡绝望的攻击性转化成希望的力量，把自身攻击性、破坏性和毁灭性的感觉融入自己的绘画之中，她的绘画中既表达了对过往经历的伤感，也有对现在生活的满足，这种攻击性在绝望与希望之间的转化真是让人惊叹。

充满攻击性的来访者

再讲一个我在临床咨询中的例子。在心理咨询与治疗中，有一类来访者，他们具有边缘型人格特质，跟这类人格特质的来访者一起工作，咨询师几乎总是全神贯注，因为在这种咨询关系中随时随地都会存在一种张力。比如，来访者会因为咨询室的灯光稍微有些刺眼而感到生气，也会因为咨询师在咨询会谈时迟到了而大发雷霆；又或是咨询师的某句话让来访者感到不舒服而突然表现出对咨询师的攻击性冲动，他们往往会指责咨询师无能，无法真正理解自己。这种状况对于新手咨询师来说，很可能在会谈中的某个瞬间就被攻击倒下，因为来访者的攻击性冲动实在太猛烈了。

虽然这类来访者往往具有强烈的攻击性冲动，但是同时他们又极具深情。当对方能够感觉到咨询师传递出的一些善意、一些温情时，他们会回馈给咨询师更多的深情。曾经有一位边缘型人格特质的来访者，她在第一次见面时对我说，今天走过一家时装店，看到里面有很多漂亮的裙子，当时她就想到我一定会喜欢这样的裙子。在那一刻，被来访者想到、记挂着，我也感到很幸福。又比如，另一位来访者会对我说："等我搬到另一个地方，我要拍照给你看一看自己住的地方，让你看到窗外的风景，我会告诉你，我很想念你。"

边缘型人格特质的来访者，他们的语言、行为往往非常具有攻击性。但是，透过这种攻击性冲动，又可以看到攻击性背后传递出的那种深情——炽热而迷人。随着咨询工作的深入，我常常会发现他们在童年经受了很多可怕的对待，这种经历犹如一种死的驱力深深地压迫着他们，而在攻击性的背后，又有一种生的驱力使其顽强而坚韧地活跃着。那些生死之间驱力的对抗让人震撼，也极其悲壮。

当然，在专业的咨询关系中对于这类极端的个例，咨询师往往提供了如母亲子宫般的承托和容纳。在日常生活中，有些人会非常喜欢和这类边缘型人格特质的人在一起，因为他们自身缺乏活力，常常被这类特质的人吸引。

比如我之前讲到的一个朋友的例子，他喜欢现任妻子带给他的活力，甚至与她的外貌没有关系，而他们又在一定程度上保持着某种和谐，既不会因为自身的攻击性带来关系的毁灭，也不会使彼此的关系完全如平静的湖水一般毫无波澜。恰恰是他们找到了在关系中合适的相处位置，使得这种亲密关系富有活力。

本节要点：

没有攻击性的亲密关系，如同一潭死水，毫无波澜，也无法让人期待。

孩子旺盛的生命力也是攻击性的一部分，如何与自身的攻击性相处对于人格的发展有重要意义。

当我们迈入迟暮之年，依然可以通过创造性方式转化、升华攻击性，抵御对死亡的恐惧。

具有边缘型人格特质的人，具有搅动关系的活力，令人着迷，同时他们过于强烈的攻击性也会破坏关系。

互动：看见，是转化攻击性的灵丹妙药

在创作关于攻击性这本书的时候，我们同步在媒体上分享这些内容，并获得了一些非常有代表性的反馈，以下是依据反馈内容展开的一个互动，也是第一部分的互动反馈，在此分享给大家。

攻击性是一个人生命发展的动力，你必须主动有"我想要"这样一个概念，并且愿意为之去做出努力。当你想向这个世界表达自己的意见或想法、自己的意志、自己的感受时，这都是在尝试表达你内在的攻击性。从这一点上讲，攻击性无所不在。

在这里我要感谢各位的喜欢，当我向这个世界发出了我的攻击性——我要创作这本书——我的愿望，你们呼应了我。当你们决定阅读这本书的内容的时候，你的内心也正是有一个愿望，想要跟内心的攻击性发生连接。最重要的是，你已经以你的实际行动，展开了你的生命力。

我看到大家对"攻击性"这个主题的看法，在感叹这个主题的吸引力的同时，也很欣赏，大家能够表达自己的声音。因为你们的声音，正是你们内在攻击性的表达和呈现，这是非常珍贵的。同时，因为你们的表达，我感觉到了你们与我的互动，攻击性就这样流动起来了。

著名的客体关系大师温尼科特说，"母亲有一项工作：在婴儿咬、抓、拉扯她的头发和踢的时候，要存活下来。如此，婴儿就会对爱这个词找到一个新的意义感，新的事物在婴儿中诞生，那就是幻想"。

通俗地讲，温尼科特认为在婴儿的无意识里是存在攻击性的，当攻击性指向母亲时，如果母亲能够镇定地给予抱持性回馈，那么母亲用自己的内在空间将婴儿的攻击性消化掉，并反馈给婴儿。在幻想里，婴儿认为母亲在她的攻击性下存活了，此时她更能感觉到与母亲的融合，这是爱的体验，并开始给爱赋予正向的意义。

我们生活中的很多情境都有一些婴儿期需要违背足够满足的痕迹，借用这个攻击性视角，来理解和应对我们生命中的失望和挫败，将对我们有很多帮助。

比如，除了喜欢，有的读者朋友也对我的一些表达感到失望。在我以前对攻击性没有太多理解的时候，可能很难尊重他人可以有自己的感受，并且可能会认为她们在挑剔我、打压我，甚至在指责我。但是现在因为理解了攻击性，我看见我在这一刻，也有小小的失落，当我跟这些感觉待在一起的时候，我开始能够体会那种失望感。

我渐渐地理解了它，也接纳这个在我心里浮现出来的小小挫败感。当这些感觉慢慢流过的时候，我能够看到，这些表达都带着很多诚意，透过这些诚意，我看到一个美好的愿望，那就是他们也很想从这些内容里面得到更多，以及他们也想要为自己变得更好而做一些努力。

于是，我更相信，在这样的时刻，他们并不是要夺走我的意志，而是给予我一些反馈，使我变得更好。而且，我很清楚自己的状态，我并不需要去讨好任何一个人，我只是做自己，不断地成长，也会不断地、有力量地变化着。这样一来，我就没有了被攻击的感觉，反而觉得他们只是在表达自己的感受和想法。

我想正是因为我愿意且能够看见自己的感受、想法，在某种层面上，我成为我自己的容器，接纳了这些感受。在这个过程中，我没有被"失望"摧毁，也没有用同样的方式攻击其他人，我们都活了下来。我将那些失望转化成了更加正向的意义，并赋予了更多爱的力量。

我所见证的个案，为我提供了非常特别的视角，我从很多来访者身上看到了早年养育的失误给生命带来的伤害。同时，作为咨询师我又在从事着心理修复的工作，充当着母亲的理解与接纳的功能，以及父亲的引领、分离的功能。

比如，有的个案攻击我的时候，也会说"我对你很不满意"这样的话，我一般都是请他多谈论一下：是哪些地方不满意？这里面还有什么？他希望怎样？当我不逃离，并且还愿意迎上去询问他对不满意的感受时，他的攻击性就会被重新涵容，那些隐藏在心底里的悲伤、难过将能够被重新言说。

通常可见的是，当我们能够谈论这个不满意的时候，他的愤怒可以被尊重、被接纳。如此，我既没有被真正摧毁，也没有攻击他，他也还活在这个关系里。如此，关系中爱的部分将重新被创造，攻击性往破坏性发展的冲动，就开始转向，朝着创造力的方向发展。

攻击性是每个人内在都有的力量，真实地表达自己，减弱的不是攻击性，而是攻击性行为。

有一些朋友对于攻击性、破坏性、毁灭性、创造性这些表达有一些误解。

比如，有一位朋友这样说：

"很喜欢听您关于攻击性的理解与分享，对于真实面对自己，很有帮助。只是有些困惑，第一节真实之美，与真实的自己连接。真实地表达自己，产生的结果是减弱攻击性，缓解冲突，维护关系，是这样吗？但第二节却提倡攻击性，有攻击性才有生命力，才有魅力？第一节的减弱与第二节的生命力有矛盾吗？"

感谢这位读者朋友。这是一个很棒的问题。

这两者并不矛盾。攻击性，从来不是减弱的，我认为攻击性是每个人内在都有的力量，这个力量在本质上，并没有特别大的差异，一个平常外表上看起来非常温柔的人，心情不好时，攻击性也会变强，而另一个脾气暴躁的人，心情好的时候，也看起来没有什么攻击性。

真实地表达自己，减弱的不是攻击性，而是攻击性行为。过分压抑自己真实的想法、情感，其实这些想法、情感没有消失，而是积累起来了，就像是一个气球，越吹越大，张力累积到一定程度，突然爆炸，此时的威力不仅会伤害到别人，也会伤害到自己。

当你能够觉察自己的时候，尽可能地减少这种过度的压抑，你的攻击性就不容易产生破坏力。也就是说，当你真正关注自己的内在，照顾自己的感受和情绪，就是给自己一个很真诚的看见，而看见，会使得攻击性更可能朝着一种创造性的方向前进，会使你的表达不会含有那么多敌意，甚至几乎没有敌意，而是带着深深的理解。

攻击性就是生命力，有了攻击性的推动，生命力才会呈现出勃勃生机。我鼓励你表达出自己的攻击性，并不是说鼓励你去攻击他人，而是鼓励你敢于释放被压抑的攻击性，无论是过度压抑，还是过度放任攻击性的表达，不仅是对自己的伤害，也是对关系的破坏。找到合适的方式表达出来，才能真正有效地使用自身的攻击性，从而减少对关系的破坏性。

正如另一位听友所说：我是一个攻击性比较强的人，在亲密关系中，如果我有情绪了我会表达出来而不是忍气吞声。但有时候激烈的言语就伤害到了对方，事后我又常能看见自己的情绪和给对方带来的伤害并且道歉，这使得对方对我又爱又恨，时间长了也会影响关系。那如何平衡这个攻击性呢？

平衡攻击性

这位读者能这样表达出来，就意味着他心里并不是真的想要恶意伤害对方，这里更像是，在有情绪的时刻，不太能控制好自己的情绪张力。能够事后道歉是个很率真的品质，但光道歉不改变，还是会陷入困顿中。

平衡这种攻击性，意味着把自己的情绪张力平衡好。而这个情绪张力，可能是内在的一部分无法被驾驭的黑暗力量，可以试着去看一看，在言辞激烈的时刻，你的内心发生了什么？是否觉得自己很受伤？以及当你这么做的时候，是为了什么？

这样去看见自己的感受，以及内心的历程，对我们了解自己有很大帮助。这也是逐渐对自己更加有觉知的一种方式。这样就有机会去理解自己为什么总是会使用失控性的方式来表达自己，这里面一定有关于你的生命更加深层的故事。

也许这里面既有压抑，也有放任的部分，那么我们可以分别去了解压抑了什么，以及放任了什么。

我们想要什么样的关系？在这个关系中，我是否允许别人存在？以及我们是否愿意为保持关系去做更多的努力？

当我们去充分地尊重自己、理解自己，并愿意为重视的关系做调整，自然就能够看到更多关系中破坏性的部分，并因此改善它。看见，是转化攻击性的灵丹妙药。

当然，理解自己并不是一件容易的事情，从知道到做到是一个巨大的工程。如同要穿越黑暗沼泽，去往东方黎明，这并不是一条容易走的路。但是，你对自己的每一次觉知，对困难的每一次面对，对每一次现实反馈的觉察，都是在确认自己的点，移动自己的点，直到慢慢找到一个合适的平衡点。只是这一路走来没有捷径，唯有勇气、智慧和时间。

路途虽远，相信一切值得，这就是生命的意义。让我们一起前行。

第二部分　攻击性与全能自恋

一、全能自恋与现实挫败

从这节开始，我们进入了本书的第二部分，本部分将讲述与攻击性关系密切的全能自恋。

全能自恋与现实边界

什么是全能自恋？举个例子，说到神仙，你会想到什么？是不是和我一样会想到他们法力无边，无所不能？全能自恋和神仙，说起来还真有些相似之处。我们阅读奇幻小说时会发现，在传说的仙界总有一个最厉害的神仙，他武功盖世，无所不能，可以统管天下众生。在现实生活中，有些人也有着相同的幻想，幻想成为世界的王。

我们常常在网络上看到各种高铁霸座引发的冲突，因为不肯让座位，还理直气壮的人，真是用他最坚定的神之自恋深深地挫伤了普通大众的基本自恋。那种我想坐哪里就坐哪里的气势，还真有神仙的霸气。这两种自恋的相互对撞和攻击，引发了一场轰轰烈烈的舆论大战。如果你也有过类似的经历，肯定也很生气。为什么，有些霸占别人的座位的人，还那么理直气壮呢？

自恋究竟是什么？

美籍奥地利裔自体心理学家科胡特说，自恋是一种借由胜任经验而产生的真正自我价值，它是一种认为自己值得珍惜和保护的真实感觉。所谓胜任的经验从哪里来？简单地说，该经验是从外在世界的反馈中得来。

婴儿最初的感受是与外在世界混合在一起的，换句话说就是，我就是世界，世界就是我。婴儿想要什么就会有什么，饿了就会有人哺育，哭了就会有人关注，这些外在世界给予的回应是对婴儿内在需求的一种反馈。这种想要什么，就会立刻得到的感觉，使得婴儿有了一种全能的感觉，就如同神仙一样无所不能。这种感觉进而会衍生出价值感，觉得自己是珍贵的，有价值的。这种全能感对于婴儿早期心智发展具有非常重要的作用，当婴儿感觉自己无所不能时，才能获得安全感，才愿意更多地向外在世界延伸出自己的生命力、渴望和热情。

说到这里，你或许就明白了，本质上我们每个人都是自恋的，事实上我们也需要自恋，它是自我价值感的重要基础。但是自恋也分健康自恋和病理性自恋。

成年人毫无现实感的全能自恋被称为病理性自恋。在人类生命最初，都有一个婴儿的全能自恋阶段，这种被肆意使用的特权，就发生在婴儿这个阶段。在这个阶段，婴儿可以称王称霸，认为自己是天下第一，所有的人都为自己服务，自己理直气壮且毫无羞愧。在与最初照顾者（大部分照顾者都是母亲，后文中统称为母亲）的关系中，婴儿可以肆意妄为，而不用担心后果，因为母亲作为慷慨的容器承托，容纳着婴儿的一切需求。

婴儿对母亲的需求中，与之伴随的是强烈的渴望与攻击性。这也意味着母亲作为照顾者需要为她的婴儿而存在，随时满足他的一切需求。但是，如果一个成年人始终处在婴儿式全能幻想之中，那么就会把外在世界、他人当作母亲的功能来使用，显然这就造成了界限的混淆。这种一动念头，一发出信号，他人就要即时满足自己的幻想，超越了人与人之间基本的界限，既是对他人权利和自尊的碾压、抢夺，也是对他人的一种攻击。

真正成熟的人都有边界

所谓的边界，就是我们每个人都有自己的小王国，彼此之间需要相互尊重，而不是被践踏、被侵入。

说回高铁霸座引发冲突的例子，霸座者的行为使得他人感到不舒服，因为霸座者既不是老人，也不是孩子；既没有身体不适，也并非残障人士。被霸座的人自然就会感觉凭什么把本属于自己的位置让给对方，而霸座者的逻辑则是，我才是王啊，我有需要你们就应该满足我，双方发生冲突在所难免。高铁上霸座的事情，本来挺简单，坐错了还回去就可以了，但是霸座者觉得自己想坐哪里就坐哪里的气势，好像整个世界在婴儿式的全能幻想中变成了他自己的王国。

人类社会因规则而有秩序，如果基本的规则和底线被突破，把他人看作具有母亲般承托与容纳的功能，理直气壮地霸座，无异于引发众怒，搬起石头砸自己的脚。最终一场帝王般的全能幻想在边界前成了一地鸡毛。

在我们的日常生活中，如果一个成年人有着婴儿式的为人处世，武志红老师把他称为"巨婴"，这个比喻实在是太形象了。想象一个"巨婴"，他到处理直气壮地要求别人成为他的母亲，满足他一切需求，那么这样无边界、无现实感的"巨婴"必然也会遭到更多的挫败。

没有边界感的成年人

我的一位来访者曾经和我谈起她的故事。丈夫在家里就像皇上一样发号施令，一进门就要拿好拖鞋、倒好水，饭菜摆上桌。可是她自己也要上班，还要照顾孩子。丈夫像是祖宗一样一天到晚要哄着，时不时的各种要求就来了。最后，这位来访者实在受不了，就拒绝顺从。一开始丈夫各种找碴儿吵架，她就一起吵，彼此对抗了一段时间之后，丈夫感受到妻子的强大气势，也不敢再提各种需求了。

来访者告诉我，以前丈夫还会私自拆开她的快递包裹，言辞抗争之后，丈夫不敢再私自拆她的包裹了。但关系缓和一点后，丈夫又开始私自拆她的包裹，这位来访者再次申明界限，争吵之后，丈夫也不再私自拆开妻子的包裹了。我的来访者在与丈夫的关系中，认识到改变对方是不太可能的，唯有在现实层面坚决维护自己的界限，不纵容对方的"巨婴"行为，才是有效的方式。这种维护边界的举动，也让丈夫知道妻子也是有情绪的人，也会生气、反抗，从而使丈夫学会尊重别人的边界。

再来举个例子，有次看到电视上播出的综艺活动海选现场。一个17岁的女孩上台唱了一首歌，台下的评委和现场观众都觉得女孩的才艺还有很多提升的空间，并且建议她继续学习，下次再来。评委给出的信号很清楚，就是她落选了，但是女孩却站在舞台中央不肯下来，用有点撒娇又带点耍赖的语气说："不，我就不下来，我就要站在这里。"海选现场的气氛一下陷入了尴尬，主持人忙着上台劝说，女孩还是站在舞台中央一动不动。过了一会儿，直到台下观众大喊着下来、下来，她才哭着走下舞台。

舞台上的女孩很痛苦，我能够理解她经历的强烈挫败感和羞耻感，自己的婴儿式需求没有被满足，就继续用婴儿式的方式耍赖，外在世界却给了她现实的反馈。女孩在舞台上的表现，大概是因为养育者没有能帮助她从婴儿期全能幻想的状态分化出来，她仍然使用着婴儿式的方式寻求需要的满足。

这个例子中现实的反馈不仅让女孩感到强烈的挫败感，她的父母看着自己的宝贝女儿就这样被轰下台，心中必然也很痛苦。但是，如果女孩以及女孩父母的反应是评委不好，现场的观众不好，那么女孩日后还会继续以婴儿式方式寻求满足，再次遭受外在现实的打击。真正想帮助孩子就让她看见现实的边界，打破自己的全能幻想。

现实世界是一面多棱镜，映照出每个人不同的样子。现实世界的反馈，对于婴儿全能幻想的分化，以及个体发展都是非常重要的部分，这种外在的反馈最初往往由婴儿的主要养育者来完成。

作为养育者，一方面要让婴儿对自己的全能感有所把控，对自身、养育者和外在世界感到安全；另一方面，也要帮助婴儿从自身的全能幻想中分化出来，逐渐适应外在的世界。养育的过程中，婴儿适度的挫折感也是必要的。当然，挫折从来都不需要刻意制造，孩子成长的道路从来不是平坦的，这些挫折也正是现实世界的边界所在。

本节要点：

自恋是一种借由胜任经验而产生的真正自我价值，它是一种认为自己值得珍惜、保护的真实感觉。

每个人在婴儿期的发展过程中都会经历全能自恋，这也是个体心智发展的必经之路。

现实中的"巨婴"，常常用婴儿式的方式寻求满足，处理关系，这不仅会破坏人际关系的和谐，而且也会带来现实反馈的挫败感。

面对现实给予的反馈，虽然会有挫败感，但这是成长过程中摆脱全能自恋、自我成长的重要一步。

二、全能自恋与自恋暴怒

婴儿期表现出全能自恋，的确是没有什么边界可言的，但是成年人若是以婴儿式的全能自恋来寻求满足，常常会把自己和他人的生活边界变得模糊而混乱。

我想要的，你就得给我

每当婴儿寻求需要时，总是能够得到回应，自然会获得那种无所不能的神之自恋，好像世界尽在他的掌握之中，他就是世界的统治者。对于婴儿来说，实际上是一种幻想层面的全能感。对于成年人来说，是一种未能分化的全能幻想演变成"我想要的，你就得给我"的理直气壮。

如果没有获得需求的满足，就会产生挫败感，这种强烈的体验常常使得婴儿或是成年人瞬间产生极为强烈的愤怒。这在自体心理学中有一个专门的术语，称为自恋性暴怒，之所以用"暴怒"这个词，就是说愤怒的级别很高。自恋性暴怒常常用来形容婴儿或是成年人在愿望得不到满足时的那种浓烈的情感体验，而这种情感体验几乎总是带有毁灭性的敌意。

我们在日常生活中常常会遇到挫折，大家都知道这很正常，老话常说"人生不如意事十有八九"说的就是这个意思。人总会遇到挫折、挫败，但是神仙是不会有挫败感的，神仙总是无所不能，要风得风，要雨得雨。

本质上来讲，婴儿之所以会在出生之后的半年都处于神仙般全能自恋幻觉中，是因为婴儿的绝对无助要求他必须依靠母亲才能存活下来，婴儿与母亲的共生关系在出生之前，还在母胎里的时候就已经建立了。

十月怀胎，瓜熟蒂落，婴儿身体上虽然与母亲分离，但完全离开母亲的婴儿是无法活下来的。无论是在身体上还是在心智上都还需要半年左右的时间来过渡。在这半年的时间里，婴儿脑部迅速发育，身体也逐渐强壮，渐渐可爬行，远离母亲。而此时在心智上婴儿需要母亲察觉到自己的需求，为其提供一个类似于身体子宫一样的精神子宫，帮助自己建立属于独立个体的自我。

从出生的历程来看，婴儿可以说是这个世界上最脆弱的新生儿。很多动物的幼崽出生之后，很快便能够站立行走或是寻找哺育，但是人类新生儿难以做到。从这个角度来说，人类新生儿从母体脱离来到世间，他其实经历着一个极大的考验，从母亲温暖的子宫，经过黑暗隧道（产道），受到挤压，才能抵达世间。

这个过程并不是一个舒服的过程，可以说婴儿经历了人生第一次真正意义上的失控，也可以说他经受了产道、外界环境的一种攻击。这种攻击在婴儿的感受中犹如致命，如果胎儿过大，导致母亲难产，胎儿无法顺利通过产道，这对他来说就是生死时刻。临床中，很多婴儿因为难产而死亡。

无力无助与绝对依赖

婴儿所要面对的不仅仅是顺利地从产道通过，还要面对呼吸、饮食等，再也无法像在子宫时那样由母亲的身体直接获得满足，这个过程显然在婴儿的感觉中同样充满挫败感。此时，虽然婴儿的生理发育已经可以使他吮吸、吞咽、排泄，但是他仍在学习这些技能之中。比如，有时候，婴儿很努力地吮吸母亲的乳头，可能还是喝不到一口奶。

事实上，在婴儿出生后的几个月中，任何事情都可能使他陷入一种彻底无助的状态。婴儿所有的一切，如渴了、饿了、尿了、拉了等，这些都需要母亲给予满足。这不是一个容易的过程。回想起孩子刚出生时，我花了好长一段才搞懂孩子寻求满足发出的信号。当时，我自己产后状态并不好，我的母亲一直在旁协助，用她的经验给了我一些指导，才让我慢慢地进入母亲的角色。

新生儿是脆弱的，也是无力无助的，必然要与照顾者产生绝对依赖。事实上，没有照顾者的呵护，新生儿是难以生存的。生命早期的环境，对婴儿来说关乎生死，这就很容易理解为什么婴儿会有如此强烈的自恋需要。当婴儿面对外在不确定的世界时，内心的无力无助必然需要神仙般的全能自恋来解除困境。其中蕴含着强大的生命力，也就是弗洛伊德所说的生的驱力，而一旦需求无法获得满足，死亡般的毁灭感就会扑向婴儿，仿佛要吞噬他。

生死攸关的恐惧与挣扎

生命早期的环境，对于婴儿来说关乎生死。在成年人看来的小事都不再是简单的事情，变成了一件件生死攸关的大事。涉及生死攸关，暴怒显然配得上这个级别，即如同死亡般的毁灭力量。婴儿期暴怒的原因，往往是养育者误解了或者辨识不了新生儿发出的信号。

比如，婴儿排泄了，养育者却认为是口渴了；婴儿想要睡觉却感到烦躁，养育者无法让这种新生儿的烦躁感消失，等等。婴儿自恋暴怒中所蕴含的毁灭力量，其实就是婴儿对外在世界——更多是针对母亲的攻击。

很多新手妈妈抱怨，不知道自己该怎么做，才能让孩子安静下来，不管是抱、是哄，孩子总是不停地哭，一直哭到累了才睡着，面对这样的情况很多妈妈总是感到崩溃。

其实，这就是婴儿强烈的无助感被母亲感觉到了，也唤起了母亲自身内心的无助感，这种无助感仿佛无法被消解。有一些母亲在早期育儿期间会体验到强烈的死亡威胁，甚至想要和孩子一起死掉算了。当母亲有了这种感觉倾向，其实是非常准确地理解到孩子的内在世界。

新生儿的内在如同母亲所体验到的那样无助和挫败，强烈程度到了死亡毁灭的程度，所以才会爆发出那么绝望的哭号。此时，母亲的内心可能也有着一个全能的愿望——每当孩子哭泣，自己就知道如何去消解。每当母亲无法安抚孩子时，这种全能愿望得不到满足，进而转变为自恋性暴怒，甚至痛苦地想要死去。所有与生死有关的情绪，势必蕴含着某种程度的敌意。就像你有一座城池，若有外敌入侵，不是你死，便是我活。因为，如果不消灭你，我便无法活下去。

很多人无法理解新手妈妈内心的痛苦，甚至觉得是她们自己"作"。我在临床咨询中深刻地体会到，在那一刻，这些妈妈们的内心是有多么绝望。如果大众能够真正了解母婴关系之间这些直指生死的痛苦，也许会对母亲们多一些理解。

全能自恋是自信的基础

英国心理学家温尼科特说："外在环境影响着婴儿处理其自身攻击性的方式。尽管婴儿有着深邃的幻想、恐惧和敌意，但终究受制于小小的躯体。"

在生命初期，婴儿能自己做的事情非常有限。正因为如此，我们常说满足新生儿的需求其实也是简单的，因为婴儿最初的需求就是那么多。如果母亲能够在孩子出生后半年的时间全情投入，婴儿便能够在全能自恋阶段获得充分的满足，这种获得满足的"我可以"的感觉也会成为日后自信的心理基础，同时自身的攻击性也会转化、升华为创造力。相反，如果照顾者忽视，甚至打击了婴儿全能自恋的需求，其自身的攻击性就会转化为破坏性，甚至在成年后演变为借由暴力获得满足的倾向。

武志红老师曾经提过一位女士的例子。这位女士幼年时抗拒去幼儿园，她的奶奶觉得幼儿园不适合自己的孙女，竟然自己办了一家幼儿园。我们可以想象出孩子的需求被全然看见和满足的感觉。试想一下，如果你有这样的奶奶，你也会感到超级幸福，觉得真实世界是如此美好。还有一个例子，一位父亲看见孩子每次下楼梯时总是喜欢握住楼梯扶手，虽然感觉不太卫生，但是孩子很喜欢，并且玩出了各种花样。作为父亲所能做的事情，就是每天把从家到楼下的楼梯扶手擦干净。

以上列举的两个例子，并非鼓励或要求每个人都如此行事，毕竟每个人对于养育的标准不同。我想说的是如果心里有孩子，就可以在抚养过程中，在能力范围内做出更多匹配孩子愿望的事情。

当孩子逐渐长大，未满足的愿望也会不断升级。婴儿时期的需求往往对照顾者的挑战相对较低，无非是孩子的吃、喝、拉撒、睡，而当孩子逐渐长大，照顾者面对的孩子需求的满足往往是巨大的。

如果在婴儿期与照顾者建立起畅通、融洽的亲子关系，很多所谓熊孩子表现出的行为是可以避免的。比如，孩子不会总要买这个，买那个，甚至不满足愿望就随地打滚；也不会因为你在忙碌而闹着要求陪伴。我深深理解身为父母的不容易，很多妈妈也是非常努力地养育孩子，我也希望通过这本书，作为妈妈的你能够了解孩子、了解自己，这是孩子的希望，也是你自己的希望。

本节要点：

婴儿的自恋性暴怒源自内在的无助感，他需要神仙般的自恋满足来应对这种深深的无助感。

自恋性暴怒的背后是生死攸关的恐惧与挣扎。

婴儿期全能自恋的满足，影响着其日后对于自身攻击性冲动的应对方式，也是自信心和创造力的基础。

三、全能自恋与月光宝盒

自恋性暴怒时，个体往往经历着巨大的失落感，这是一种从想象到现实的跌落，落差太大，难以接受。人们对于不希望的结果，接受起来是很抗拒的。人们应对丧失痛苦的方法之一，就是幻想这个没有发生，幻想回到那个过去，这样就能够改写结果了。

月光宝盒扭转乾坤

月光宝盒是什么？如果你看过周星驰执导的电影《大话西游》，一定不会对这件宝物陌生。电影中至尊宝看到心爱的女人死去，用月光宝盒的法力屡屡穿越回过去想要拯救她。

事实上，人们对于不希望的结果，接受起来总是极为抗拒。记得看这部电影时，我大概只有十几岁，如今还记得这个月光宝盒真是厉害，它可以让时光逆转，改变已经发生的事情。当时心想，如果我也能拥有月光宝盒就好了，可以去改变那些自己不想要的过去。那丝一闪而过的念头，让我印象如此深刻，大概是源于这件宝物非凡的能力。

看着电影中如此直白地呈现，我心中明了：这怎么可能呢？世界上哪有这样的事情？穿越回过去？但是，在我们的日常生活中，也许这种穿越时时刻刻都在发生着，这样说你可能很难相信。

有一位母亲给我留言说，自己曾经的一个决定伤害了孩子。如果不是她的原因，孩子应该比现在更快乐、更健康。从她的留言中可以看出，这位女士非常内疚、自责，后悔当初的某个决定伤害了自己的孩子。那种感觉就像是恨不得回到过去的某个时刻，重新做出决定。

我们常常在新闻中看到，母亲忙于看手机，疏于照看孩子，导致孩子溺亡或是发生车祸的报道。这些妈妈无一例外地都表现出深深的懊悔和自责，总是想象如果能够回到那一刻之前，也许就什么也不会发生。我自己也有过类似体验，有次我的翡翠耳环找不到了，开始几天，我总是在想如果当时我细心一些，如果摘下后马上放回首饰盒，假设回到找不到之前的那一刻的种种场景，那么耳环就不会遗失了。

我列举的这几个例子，其实都是想说明一个问题，人们对于不希望的结果，接受起来是极为抗拒的。那种期待后的失落，让人抓狂，个体都有趋利避害的本能，为了回避不舒服，最简单、最有效的方式就是否认。否认，暗含了一个逻辑：如果我不接受这件事情的发生，就代表它没有发生。这显然是一种神仙逻辑，神仙往往是想要看到什么，事实就是什么。

穿越应对丧失感与失控感

最初对一件难以接受的事情加以否认是正常的，在创伤应激障碍的临床研究中发现，面对创伤性事件，人们通常能够在三个月的时间缓过来，从而接受现实，慢慢完成哀悼的过程。

但是很多人会一直卡在这个否认的阶段，因为现实带来的丧失和空虚实在是太痛苦了。就像我们在开头提到的至尊宝，他不能接受心爱之人的离去，丧失感和空虚感犹如一阵狂风席卷了他。此时，他不顾一切地想要稳住自己。那么什么方法最能稳住自己呢？如果这件事有"我能"的感觉，稳住自己就不是问题了。之前我们提到的全能自恋就是这种感觉，如此就能够应对内在的失控感。

失控感带来的体验促使人们不断地渴望回到过去，如同至尊宝的月光宝盒，不断由现在穿越回过去。在某种程度上，我们似乎是穿越回到了过去，那种感觉、情景是如此的熟悉。穿越回到过去，不仅仅是为了缓解痛苦，还为了改变过去的人和事。

这种用神仙全能式的期待要求自己，其内在无意识的幻想就是，我能搞定一切，我能拯救一切，我能够扭转乾坤。不断地幻想穿越回到过去，不断地拒绝事实，不断地累积希望，又不断地失望，最终演变成一种偏执。

然而，令人悲伤的地方在于，即便借由月光宝盒穿越回到过去，依旧无法改变过去的人和事。但是，许多人仍然在日复一日地穿越，因为保有那种虚幻的希望感，也是活下去的力量之一。

偏执性地穿越是对自己、他人的攻击

对于过去的事情心怀内疚、自责，不断试图穿越回过去的人不仅自己痛苦，身边的人也会非常难过。因为当他无法承受内疚、自责带来的痛苦时，便会将其传递给身边的人，可能是以愤怒的形式，也可能是以冷漠、疏离的方式呈现出来。这种痛苦的传递极有可能逐渐演变为对周围人的攻击。

如果个体能够消解自身的内疚、自责，对周围人的影响便不会太大。对个体来说，长期的内疚和自责是对自身的责罚，更是对自己的攻击，我们作为凡人，必定有所疏漏或各种"毛病"，过度的自责，就是在用神的标准要求自己。幻想自己可以做到神那般无所不能，才会反复地制造穿越回到过去的机会。

我们永远无法改变已经发生的事情，但是我们可以根据结果去做新的选择，这也会带来新的转化。几千年前的圣经智慧就说道："请赐给我雅量从容地接受不可改变的事，赐给我勇气去改变应该改变的事，并赐给我智慧去分辨什么是可以改变的，什么是不可以改变的。"我有个朋友的孩子被诈骗了几千块钱，她为此自责了数月，另一个朋友对她说那只是个意外。这位朋友觉得这句话解放了自己，确实是个意外，每个人都可能会遇到。当意识到过度的自责是对自己的攻击时，她再次面对孩子诈骗的事情就有了不同的看法。

所谓扭转乾坤就是重新创造

电视剧《延禧攻略》的其中一集，是女主发现她们保管的莲花灯中的舍利子不见了。如果找不到自然要犯下杀头之罪。但是女主并没有幻想穿越回到过去，想象舍利子没有丢失，而是选择用策略寻回舍利子。女主聪慧至极、敢说敢做，竟然在献宝现场用变魔术的方式找到了那颗舍利子。由此可见，所谓扭转乾坤，只是尽力把损失降低到最小，投入最多的精力解决当下的事情，重新创造。很多人看《延禧攻略》中女主一路扶摇直上，内心也是热血沸腾，实在大快人心。女主从来不会幻想穿越回过去，她第一时间接受现实，不纠结，总能大破大立。

很多时候，我们无法扭转乾坤去面对当下的原因是没有真正地完成哀悼，而是纠缠在情感的牢笼之中，耗费大量的精力和时间沉溺于已经发生的事情。那种扭转乾坤的全能感太过于诱人，于是一直否认现实，而看清现实，并真正地面对现实才是真正的扭转乾坤。

当然，这并不是一件容易的事情，因为哀悼，意味着你要真实地面对内心中那部分空虚感。婴儿最初的这种空虚感，来自养育者的不在场，婴儿面对需求无法满足时的内心怅然，如果能够在养育者的帮助之下，顺利度过出生后半年这段艰难时刻，婴儿的内在就会逐渐建立现实检验的能力。当孩子逐渐长大面对各种外在的丧失，就拥有了真正来源于内在的照顾者。每一个孩子都会在成长过程中经历丧失，没有一个照顾者会时时刻刻在场，这也是一个必然的发展阶段。

美国精神科医生亨利·马西在《情感依附》这本书中，列举了一个自身的例子。他的孩子在小的时候，半夜醒来闹着要妈妈的陪伴，他跑过去安慰，孩子拳打脚踢，还有各种情绪，总之一句话就是"要找妈妈"。对这位精神科医生来说，他在那一瞬间也束手无策。僵持了一会儿，他才反应过来，孩子的愿望是希望妈妈立刻出现，但是此刻妈妈确实不会马上出现。于是，他安慰孩子说："爸爸知道了，你很想妈妈陪在身边，但是她没有出现，所以你很难过，那爸爸陪你一起难过吧。" 在那一瞬间，虽然妈妈无法陪伴在孩子身边，但是爸爸的在场确认了孩子的感觉，使得妈妈不在场的空虚感得以缓解，孩子没有继续陷入那种丧失的痛苦之中，因为爸爸的在场给了他一个重要的承托。这也是我常常说的哀悼内心的丧失，需要一个有质量的关系来承托。

哀悼是一个心理过程，需要有人能够托起你、明白你、理解你、陪伴你一起面对丧失。小时候是父母，当我们逐渐长大，身边的朋友或是其他能够陪伴你、给你承托的人都能够帮助你应对这种丧失。但是有些父母在孩子幼年时无法做到承托，就像我们在前面说到要努力发展出自己的内在照顾者。哀悼，是我们人生中的重要功课，因为人的一生中都在不断地丧失、不断地创造、不断地获得。

祝愿你的人生，常有人相伴。

本节要点：

穿越回到过去想要改变已经发生的事情，应对内心的丧失感和失控感。

人不是神，无法改变已经发生过的事情，偏执地幻想穿越回到过去是对自己的攻击，也会影响与周围人的关系。

所谓扭转乾坤，就是尽力把损失降低到最小，投入最多的精力解决当下的事情，重新创造。

哀悼内心的丧失需要有质量的关系承托，在他人的陪伴、理解、承托下哀悼的进程会加快。

互动：关照情绪，从幻想来到现实

看见他人，看见自己

这本书有很大一部分在做这个工作，就是看见他人，看见自己。这是我非常擅长的，也是我愿意做的。在临床中，我看到许多个案的变化，所积累的信心也支撑我相信，这是一条可以走得通的路。只是这条路的确不容易走，情绪上来了，的确有很强的幻灭感，非常煎熬。但我想说的是，不管有多难，我们依然可以往前走，依然可以为自己做点什么。而我能做的是，通过这些内容，表达我的理解、情感、关怀，以此来陪伴你。

有的读者朋友对这些内容感兴趣，是为了看清为什么自己总是攻击别人，关系为什么总出问题，以及我们怎么可以控制自己的攻击性。在本次互动复盘里，让我们一起来看一看在这一部分有什么样的疑惑。

一位读者说："我和伴侣之间，经常出现的问题是，我总会莫名其妙地跟他发火，他只要没有按照我的期待来做，我就直接崩溃。后来仔细想想，这个感觉常常发生在我完成不了一件事，又非常希望他帮我完成的时候，比如，我辅导不了孩子作业，就希望他来辅导，结果，他也做得不耐心，我就很烦躁，想攻击他。不知道怎么办？"

这位读者的情况，非常普遍。

这是一种自恋性暴怒式的攻击，即只要你不满足我的心意，我就直接来攻击你。

应对这种情况，我们要从感受层面和意识层面分别入手。

首先是先回到自己的内心，看一看此刻的感受是怎样的。静下心来，在想要攻击伴侣那一刻，有什么感受？

在我以往的经验里，这里会有愤怒、有恐惧，还有哀伤。

但不仅仅这些，每个人连接上的感觉并不一样，看一看自己心里是什么感受。在感受层面有了连接之后，我们就直接来关照这个感受，允许任何一种感受的存在，不要着急去驱赶它，只是尊重，在内心给它一个位置。看看这些感受是不是慢慢地发生一些改变。

同时，如果有合适的倾诉对象，可以把这些感受讲出来，或书写下来，或者出去走一走，都是不错的应对方式。

其次，从意识层面，我们需要对这部分的内在动力有一些了解。

当外界没有按照你的意愿给你想要的东西时，你瞬间感觉到崩溃毁灭，那是因为外在世界不在你的掌控之中。这是一种全能自恋受挫的感觉。

在这种感觉之下，如果个体为了维护自体的完整感而尽可能地避免崩溃，就会把这种毁灭被迫害的感觉扔到别人那里，认为别人在跟自己作对。此时，个体所经验到的世界，不再是外在真实的世界，而是自己的内在世界，在这个世界里，非常可怕，生存空间受到挤压，于是便会用最大的努力来反抗，这是为了保护自己。反映到外在的表现，就是自己会失控并愤怒地攻击他人，呈现一种扭曲变形之后的情感状态。

这种攻击释放出一种非常原始的信息，它蕴含着恨意，并且携带着"敌意"这个武器，如此一来更具杀伤力。

最后，了解这些之后，除了去安抚内在世界里那个惊恐受伤的自己，还要清楚，自己的内在世界跟外在的真实世界可能是有差距的。我们需要在这里确认，现实世界里的这个人是不是真的如同内在那个迫害自己的客体一样？如果不一样，就要试着把他们区分开来，这样才能够回到一个真实的世界里和伴侣互动。

如果你确认的结果是一样的，或者更加糟糕，那么就需要考虑新的相处可能。但是因为很多人在关系里是有创伤的，很容易带着自己的创伤经验感受身边的人。所以，这部分，还是建议找专业的人细心甄别，以帮助自己更好地回到现实。

在这位读者的例子里，你的伴侣确实去辅导孩子了，但是做得不怎么好，这也是个事实。他似乎并不是主观意识层面想要攻击你，只是能力比较有限。这种有限性对你的自恋来说，是一个冲击，这是你要攻击他的原因。

我们需要把关系中的他人从自恋幻想里慢慢地分离出来，原因一是，个体的能力本来就是有极限的，世界对我们而言，只有部分是可控的，我们能控制的本来就是有限的，如果对不能控制的非要控制，那将非常痛苦，且永远无法得到。原因二是，去尊重他人是另外一个人的事实，这样除了会解放自己，也能够看见眼前这个真实的对方，更容易在现实层面上去和对方发生连接，也更能够发挥自己的主观能动性。

在这位读者的例子里，如果这位读者，能理解并接受伴侣就是这样一个人，他能力有限，也许自己就能够找到更多办法解决这个问题，比如，找一个专业的老师来辅导孩子做作业，或者将孩子送到作业班。这样事情就有机会解决，而不是一直卡顿在那里。当这些流动起来，自己的主观体验也会更好一些。

接下来看两段互动中"好"的感觉。

"复盘的感觉很好，黄玉玲老师很诚恳，也始终温柔。这样诚挚的互动，好像做了心理咨询一般。并且我对攻击性有了流动的感觉，以前感觉攻击性是硬碰硬的，现在能感觉到攻击性是表达—接纳—回馈，没有敌意。谢谢！"

"黄老师您好，之前我一直没有留言，是因为听完内容后，感觉没有听到我想要的答案，但是听完您这两次复盘的回答之后，心里突然有了很多感想。很佩服您能在受到质疑时，还能以专业的眼光看到这些表面对您否定背后的动力。其实这只是别人攻击性的表达，并不针对您。这也给了我很多启发，很多时候自己就是受不了别人的一点点否定，从而剥夺了自己成长的机会。很期待后面的内容。"

谢谢你们的反馈，我也有一种感觉温暖地流动起来了。这是一种特别舒畅的连接。

那为什么我要摘取两段关于"好"的留言评论呢？是因为

这两个方面正是我想要带给大家的。我希望到这个系列内容结束的时候，大家能够找到内心那种攻击性的力量，能够明白，甚至是摆脱自己的攻击性困境。

去理解他人做这件事情的意图和动力，能真正帮助我们建立更深刻的关系。同时，理解也是化解关系危机的重要基础。

比如，当孩子对我们大吼大叫，如果我们只觉得她很烦、很讨厌、很不遵守规则，我们就是在拿评判的眼光看待她的行为，然后我们可能会各种打压她，让她闭嘴。但是，如果我们深入这种情绪，去感受，她该是多么生气啊，她失去了她心爱的玩具，等等。那你对孩子的理解将是不同的，你可能会用一些耐心地陪伴，允许她这股能量过去，而且她还能感觉到被爱。这种被爱的感觉，会化解她心中的愤怒和恨，她会在以后的生活里慢慢减少大吼大叫的频率以及持续的时间。

来看最后一位读者的留言。

"请教一下老师：

比如，在电梯里我把别人挤了一下，被陌生人骂得不知道怎么还嘴怎么办？我感觉受到屈辱，而无法还击，怎么化解？"

我的一些反馈：

我发现，你在对方强大的情绪力量冲击之下，自己不见了，只剩下一个脆弱的躯壳，任人宰割。在这种情境下，多半是因为太过于恐惧，直接僵住了，不敢还击；还有是技巧方面，不知道怎么反击。如果是后者我们可以学习一些表达技巧。如果是前者，会更困难一些，这意味着在那里有恐惧的情绪需要处理。

通常，我们感到退缩的时候，是自己一下子回到了小孩的状态。如果我们给这个小孩注入更多强壮的力量，这样他就"敢"去直面这个恐惧，以及恐惧背后的那个自己。去感知那个退缩状态下的自己，是多大？我们加入比他年纪更大的自己，进入他的身体能量，再加入成年人的自己，如此，这个小孩就不再是一个人，而是有更多的力量帮助他来面对了。

在方法层面，每个人会采用不同的方式。

有的人会直接骂回去，有的人会先道歉，再说明自己在受到责骂后也不舒服。还有的人，直接用眼睛直视对方，以表达抗议。不同的人会使用很多不同的办法，你可以尝试更合适自己的方法。

这些方法没有好和坏之分，在保证自己安全的前提下，去维护自己的尊严，是值得被尊重的，相信对你来说也是非常重要的。

在这里面，要看到自己的责任，比如，关照自己，勇敢出击保护自己，承担责任，就是回到一个成年人的状态里，直接应对这个情境。

第三部分　攻击性与抑郁的关系
抑郁：无法表达的愤怒

在这一部分，我想和你分享攻击性与抑郁和焦虑的关系，通过这些关联，你将能够理解到攻击性冲动如何被压抑，又会对自身和他人带来怎样的影响。

我还想谈谈与抑郁关系最为密切的三个维度：拯救、敌意和讨好，我也会分三个小节来解释这三个维度与攻击性的关系。

一、警惕过度拯救思维

电视剧《射雕英雄传》中的郭靖生性单纯耿直，重孝义，他也是金庸先生笔下极具侠义精神的人物。很多人赞赏他铁血丹心、侠肝义胆，对朋友总是慷慨相助。如果换到现在，他很可能会是一个"过度拯救者"。

记得书中描写他与黄蓉第一次见面时——郭靖单纯善良，见到黄蓉假扮的乞丐很可怜，分别的时候把自己的银两和马匹都赠予对方，妥妥一个"拯救男"的形象。书中，郭靖喜欢的人是黄蓉。他为什么会喜欢黄蓉？因为她是郭靖想要成为的另一个自己。黄蓉是一个攻击性特别强的人，一般人不敢惹她，她虽然武艺不高，但是智商、情商绝对高。

她不喜欢的事她不做，她恨的人她就去恨，不想帮忙的时候她就不帮。黄蓉活得真实、活得自在，是郭靖想要却不敢要的另一面，她的出现，符合了郭靖内在对于个体完整性的需要。因而她的活泼和调皮，甚至在很多人眼中的自私和狭隘，对郭靖都有着致命的吸引力。

郭靖与黄蓉的组合，其实就是我们在现实层面中的自我与潜意识的完美组合。换句话说，黄蓉就是郭靖的内在无意识，她身上的攻击性是郭靖渴求而不可得的。

什么是过度拯救思维？

简单地说，过度拯救思维就是对人、对事，做了该做、能做的一切，但你还是觉得不够，总是想要做更多。这背后的原因是什么呢？因为拯救者会觉得是由于自己导致了别人的不幸，想要承担起所有的责任，为他人的快乐、幸福负责。

这种思维听起来有种救世主的心态，也让你对自己的期待被无限拔高，就像一个开足马力的汽车疾驰而过，呈现出一种狂躁的状态。

如果能拯救成功，拯救者的无助就会被缓解或隐藏；相反，拯救失败，这种无助则转向内在——攻击自身，并逐渐演变为抑郁状态。事实上，这种过度拯救带来的向内攻击，大多都呈现出过度内疚的倾向，即认为自己没有做好这一切，是自己伤害了他人，愧对了他人，且因此有强烈的愧疚感。临床心理学的研究也证明，这种向内攻击的方式是导致抑郁的内因之一。

这种全能自恋诱发的拯救思维的背后是深深的死亡恐惧。在拯救者的内心有这样一个幻想："如果我不拯救你，你就会死去；你的死去，意味着我也将会死去。"这种无意识的幻想呈现出一种强烈的共生愿望，我和你的生命交织在一起，你的痛苦就是我的痛苦。从这个意义上讲，拯救别人就是拯救自己。

这其实也是一种边界不清的应对方式，在这里面完全忽略了他人要在这些事件中应该承担的责任，而无限负起所有责任，这既是对自己全能的夸大，也是对他人能力的忽视和贬低。

拯救者通过付出感缓解内疚

在你的身边是不是也有这样的一种人，当你痛苦脆弱的时候，对方耐心陪伴，用心倾听，各种安抚，他们犹如母亲对婴儿般地悉心照料你。但是，一旦你的痛苦减轻或消失，对方的态度就像变了一个人。这是因为拯救者只对受苦的感觉非常敏感，看到对方受苦，那种痛苦的感觉也成了拯救者的痛苦。

痛苦，就像一只怪兽，时时刻刻吞噬着拯救者的心灵。一位网友曾经对我说，每当她看到那种原生家庭充满不幸，情感压抑的男性就充满了拯救的欲望，想去倾听、安抚、帮助他们，甚至还想和他们谈恋爱，这种感觉犹如一股巨大的魔力推着自己，这种念头总是挥之不去。

当被拯救者的痛苦消失，拯救者的敏感性也降低了，态度也变得冷漠，这其实反映出拯救者边界回归和逃离的状态，也是具有拯救思维的一种人格状态。拯救者以救世主姿态的介入，在某种程度上也剥夺了被拯救者自我成长的过程，没有尊重到被拯救者的内在自发性。

对于被拯救的人来说，在之前浓烈的情感包围下，双方俨然已经成为一种共生状态，而拯救者随后的冷漠带来的疏离感也会使被拯救者感到极为不适。此时，被拯救者很容易表露出委屈，甚至是怨恨。中国人有句老话"斗米养恩，担米养仇"说的就是这个道理。当他人遇到困难时，适时、适度地帮助是必要的，但是拯救者往往一见到他人受苦，就以救世主的心态去帮助，最终常常使得彼此的关系陷入一团乱麻的状态。

过度拯救者对自己的期待往往被拔高了，他们在这种思维之下对自己有着各种限制和苛责，因而常常经历着过度内耗和自我牺牲。无论是所谓的拯救成功后迫不及待地逃离而被拯救者憎恨，还是拯救失败后对自己的苛责与向内攻击，这些都会在某种程度加重拯救者的挫败感，诱发抑郁状态的出现。

过度拯救带来的纠缠和怨恨

与被拯救者的过度纠缠，源自拯救者迫不及待地想要逃离。

生活中最典型例子就是，孩子幼年时对父母有着强烈的依附感，想要生存下来，唯有依赖父母。如果父母是那种没有能力爱孩子的类型，在孩子不听从父母要求的时候，父母便会收回给予，对孩子来说这很可怕。

在无意识的幻想中，缓解这种恐惧的方法即把自己幻想成一个无所不能且能实现父母愿望的孩子，以此来拯救父母在自己的需要未被满足时的脆弱，拯救自己想要离开却还羽翼未丰满的无助。

当拯救者来安抚父母，父母和孩子的角色发生了调换，孩子处在了父母的位置上。即便是看到这一点，拯救者的思维也令孩子很难从这一位置离开。在那一刻，孩子会认为不能抛弃父母，父母太惨，太辛苦了。孩子无法接受自己竟残忍地置父母于不顾。

但如果一直这样共生拯救，孩子无法和原生家庭真正分离，那就谈不上拥有自己，发展自己了。

试想一下，如果一个人彻底丧失了自由意志，完全被另一个人控制，必然会成为一个绝对的顺从者，毫无情感，犹如机器一样。我们大部分人，既没有达到足够的个体自由，也没有绝对顺从，在二者之间自然会有很多心智层面的冲突。

再试想一下，想要离开而不能离开会发生什么？你会感觉到无助，会对束缚自己的那个人感到愤怒和怨恨。孩子在幼年时对于养育者的愤怒、怨恨，由于依附于父母，很多是无法表达出来的。但是这些愤怒、怨恨并没有随着年龄的增长而消失，而是隐藏在无意识之中，虽然这些情绪并非都明显指向作为养育者的父母。

很多成年的过度拯救者几乎感觉不到对于父母的怨恨，甚至表现出对父母极为孝顺，而怨恨则转移到了他人的身上，借由过度拯救他人来完成与父母的连接，表达无意识中的愤怒和怨恨。

怨恨是对关系的攻击，也是对自身的攻击。拯救者的恨意藏匿在无意识中未被凝视的荒芜的黑暗之地。拯救者通过付出来表达无助感，目的是缓解内疚，只是内疚易于缓解，而怨恨很难消除。

成为有界限的父母

很多人在成年之后心中依旧会怨恨父母，这种幼年时的情感堵塞始终没有得到疏通。生活中，很少有父母会主动对孩子说出抱歉，而孩子始终需要来自父母的一个道歉。在我的微博上，有位网友曾经这样分享："看到有些女性无助而困苦地扮演受害者，自己总想去帮助对方。那一刻，完全没有自我，就是一头扎进去。回头看，我的母亲就是一个受害成瘾者。我们关系的边界一直模糊，每次给母亲打电话都觉得胸口憋闷。挂掉电话后，总感觉心被掏空了，还有深深的绝望。"看到这位网友的分享后我想起一句话：你永远无法看见我，你只想让我看见你，但你从未看见过我。真正体验过痛苦的人会明白其中的含义。

在夫妻关系不和谐的家庭中，孩子作为家庭系统的一部分，在心智发展过程中会本能地唤起婴儿期的全能自恋，试图通过各种方式让家庭归于平静。我曾经有一位来访者，她与丈夫以及公婆的关系都很紧张，孩子就用生病的方式来拯救这个家庭。孩子一生病，家庭的矛盾点就转向孩子，其他矛盾也顾不上了。他们家庭关系的和解发生在孩子病危的病房里。当时家属被通知来见孩子最后一面，全家人都很伤心，在生死面前，每个人都退让了一步。故事的结局是孩子在那次病危之后挺了过来，家庭中的各种关系有了新的可能。

这个故事让人心疼，也让人感到沉重和悲伤。很多成年人在幼年时，使用了洪荒之力来拯救家庭关系，每个家庭成员都因关系的纠缠而痛苦，怎么办呢？

我常说边界是关系中最核心的部分。

父母需要学着成为有界限的父母，夫妻关系中的纠缠、痛苦，不能让孩子来承担。如果孩子表现出拯救者的角色，作为父母可以告诉孩子，父母之间的问题由父母来解决，你们依然会爱他。孩子承担拯救者角色的主要原因在于担心失去父母，失去他们对自己的爱。如果孩子的担心被消除，便会专心于自我的发展，而不会深陷在拯救者的心态之中。

成年人的我们，面对父母的衰老也会越来越明白自己无法改变他们。那么，拯救自己的最佳办法就是分清边界，勇敢面对自己的内疚，将对他人的拯救放在一个自己力所能及的范围之内，不要逼迫自己。把对父母的期待慢慢回归到自己身上，好好地宠爱自己。其实，很多时候我们需要拯救的不是他人，恰恰是我们自己。

本节要点：

过度拯救呈现出一种共生的愿望，也就是彼此的生命纠缠在一起，你的痛苦就是我的痛苦。从这个意义上来说，拯救他人即拯救自己。

拯救者通过付出来表达无助感，目的是缓解内疚。内疚容易缓解，怨恨则难以消除。

怨恨者的内在声音往往是："你为什么如此对待我？"他们期望一个道歉，但是往往以失望告终。

孩子作为家庭系统的一部分，在心智发展过程中会本能地唤起婴儿期的全能自恋，试图通过各种方式让家庭归于平静。

一个有界限的父母可以解放孩子的内疚，让他专注于自我的发展。

你最需要拯救的是你自己。

二、敌意是关系的杀手

理想化背后都包含敌意

很多人比较难理解，为什么抑郁和攻击性有关，我们再从敌意的维度谈一谈。

生活中，我们最常见到的抑郁表现就是情绪低落，对什么都没有兴趣，话也不多，通常喜欢一个人待着，这看起来确实没什么攻击性。

在第一节中，我说抑郁并非没有攻击性，而是攻击性的主要对象指向了自己。在我的咨询中，很少看到有抑郁的来访者向周围的人或事表达出他们的主动攻击性。事实上，对他们来说，无论是小到失望，大到强烈的愤怒，攻击性是难以表达的。

比如，妻子对丈夫总是不管孩子感到不满，但是她既无法表达出来，也无法自我调整，因而一直压抑情绪，呈现出情绪低落、无能为力的感觉。为什么无法表达出自己的失望、自己的愤怒？真正的原因在于她害怕这个情绪，因为在感受到自身情绪的同时，也感受到蕴含在其中的敌意。

在第二部分中，我谈到全能自恋对个体心智发展的影响，这种全能感也是婴儿期发展中重要的阶段，很多婴儿在经过出生后半年呼风唤雨的生活之后，开始呈现出不同的状态。一些需求获得充分满足的婴儿开始进入分化阶段，另一些婴儿，在本应被全然满足的阶段，没有获得足够的满足，便会更早经历全能自恋的挫败与暴怒。

大概在二十多年前曾流行"哭声免疫法"训练婴儿的睡眠

习惯。当婴儿的啼哭没有换来母亲的出现，甚至是哭了十几二十分钟都没有人来安抚，这时候孩子会感受到这个世界是自己掌控不了的，而一个无法掌控的世界，对于婴儿来说是充满敌意的。

婴儿借助母亲的存在来感知自己，感知外在世界，当母亲不在场时，婴儿也就无法感知到自己。当啼哭时没有及时地被安抚，婴儿会过早地启动防御机制，控制自己。所谓"哭声免疫法"就是不管他就不哭了，其实并非婴儿不再啼哭，而是婴儿陷入绝望，不再期待外在世界回应自己的反应。

相比控制缺位的养育者，控制自己会变得相对容易一些。从养育者的层面来看，这种方式如同揠苗助长，有些养育者会说："你看，我说不管他，他就不哭了吧。"在咨询中，我也常常看到，那些看起来很听话、很乖的孩子往往更容易陷入抑郁的困境。这种陷入抑郁的人，基本上都有过早透支生命的感觉。就像信用卡，提前支取了，后面又没有办法及时还款，最后形成了一个巨大的黑洞。

英国精神分析家温尼科特曾经说："在良好的环境，攻击性会作为一种积极的力量整合进个体的人格之中，参与工作和游戏；在恶劣的环境，攻击性则会变成暴力与破坏性。"这就是说，如果早期养育环境比较好，攻击性会转化为游戏的历练、创造的力量，而在比较差的养育环境中，攻击性会表现出暴力与破坏性的一面。如果婴儿被过度地要求适应外在世界，他的恐惧显然会大于其他任何情感，对婴儿来说这是生死攸关的大事。

实际上，很多陷入抑郁的人，有时候会发现自己在某些瞬间有想要破坏的感觉。抑郁的人同时存在着内在的破坏与外在的恐惧。很多时候在周围的人看来，抑郁的人好像并没有过多的攻击性，那是因为攻击性的能量转了一圈转向了内在。抑郁表现出的敌意，往往并不会直接体现在关系中，至少无法被直接地感受到，因为敌意代表着危险，应对敌意的方式便是开启理想化防御模式。

完美妈妈身上隐含敌意

在关系中，把对方理想化与自我理想化的心理进程是同时进行的，在把他人过度理想化的同时，也是对对方的一种攻击，最典型的例子就是力求完美，只有达到完美才能够放过自己、放过别人。我们身边不乏很多抱有完美主义的妈妈——对孩子凡事亲力亲为，不放过一个细节，除了生活中安排妥帖，如果孩子闹情绪，也要求自己接住孩子的所有情绪，哪怕自己极为疲惫还是不停地付出。

事实上，完美妈妈们看似无所求地付出，但这些付出都需要条件来交换。很多完美妈妈对孩子的要求也是完美的，比如，孩子要懂事、听话，要成绩好、能够理解自己的苦心，这些完美要求其实对孩子来说蕴含着敌意。我有位来访者，她就是典型的完美妈妈，把孩子照顾得无微不至，但是孩子并没有成为她想要的那个样子。孩子经常对她感到生气、愤怒，甚至大吼大叫，来访者觉得自己已经接纳了孩子的情绪，为什么她还会这样对待自己？她感到烦闷，却表达不出来，渐渐陷入了抑郁状态。

在咨询过程中，我发现这位来访者在幼年时，就已经开始学着照顾父母和弟弟妹妹了，但是父母更偏爱弟弟。在她的整个成长过程中，从来不敢表达出对这种没有受到足够重视的愤怒，反而运用理想化防御把自己变成了一个近乎全能的人，以此来赢得父母的关注。显然，这位来访者过早地承担起不合乎年龄的重担，过早地变成了"小大人"。把自己变成完美的孩子，也伴随着对父母的敌意。

成年后，这种敌意的表达往往表现为：宁愿给父母钱，也不愿意回家陪伴父母；父母的话语往往被感受为对自己提要求；总想逃离原生家庭；对身边人提出的要求感到愤怒，等等。就像这位来访者，她对待孩子就像对待父母一样，对他们的所有需求都极力满足，同时也要求他们成为自己理想中的样子。

用这样的方式养育孩子，孩子很容易感到敌意和恐惧。因为孩子没有真正感受到被母亲所爱，而是成了一个实现愿望的工具，自然会对母亲感到生气和愤怒，甚至发起攻击。比如，完全不听从母亲的管教。

这位来访者与自己孩子的童年完全不同，孩子毕竟还能向她大吼大叫，而她的童年几乎不可能对父母表达出抗议，这也导致了来访者自身的压抑更为强烈。她看到孩子表达出的愤怒，就像看到了自己童年时的愤怒。

来访者也逐渐明白，她对他人、自己的完美要求都是在表达这种愤怒。当这种隐藏的敌意，被逐渐感受的时候，来访者说自己感到了轻松。我们在一起的工作，帮助她理解了敌意背后的创痛，以及只会使用敌意这种方式的破坏性。当看到这些，她可以重新选择用更具建设性的方式来表达自己的情绪，这样和孩子的关系张力也得到了缓解。

恨是人类的一种基本情感

温尼科特说过，让父母在孩子恨他们之前先恨孩子。我想这句话的意思是说作为父母，你完全可以去恨自己的孩子而不必过于担心，因为恨是我们人类的一种基本情感，每个父母都可能恨过自己的孩子。如果你感觉对自己的孩子心存恨意，也不必苛责自己，因为我们作为人，并非样样完美。

我的来访者中有一位咨询了三年半的女士，当我们的咨询结束时，她和孩子的关系与之前已经大为不同，这个过程中她逐渐地勇敢面对真实的自我。她的孩子在作文中写道："我的妈妈是一个勇敢的妈妈，她一直在直面自己内心的黑暗，我为有这样的妈妈感到骄傲。"

无数临床经验告诉我，即便那些曾经非常抑郁的人也仍然有重新成长的机会。这意味着需要直面内心的敌意。那么，如何化解自己对他人的敌意呢？

首先，敌意意味着危险，因此化解敌意要做的第一件事情就是让自己感到安全。如果在你的生命里，有人能够让你感觉到安全，那么可以积极地创建这样的关系，让关系获得滋养、化解敌意；如果没有这样的一个人给你安全感，我建议你可以找一位专业的咨询师，在这个关系中你是安全的，同时很多敌意也容易被化解。

其次，保持对自己的觉知。当你在关系中发生冲突，先来感受自己的情绪，允许并拥抱自己的这种感受。思考一下是不是在其他时候也有这样的感受？是什么诱发了这些感觉？这些都可以帮助你对自身的敌意有更多的觉察。

最后，就是现实检验，或者说现实确认。对方是不是真的需要你如此对待呢？

比如，孩子在楼下玩耍，你觉得孩子玩了这么久口渴了，自家带的水也已经喝完了，于是你跑回家拿水给孩子。孩子却说不喝，你认为自己辛辛苦苦回家拿水，孩子却不接受你的好意，感觉很委屈。那我们就需要来确认，这是对方的需要还是你的需要。

现实检验的意思就是问问孩子，"宝贝，你现在口渴吗？"

如果孩子不需要，而你却认为孩子口渴需要喝水，那拿水希望孩子喝这件事，是你的需要，不是孩子的需要。孩子不喝，并没有什么问题。但你的难过意味着这里面有些情绪正在涌动，而情绪是由背后的幻想所引发的。

我们来看看这个例子背后的幻想：作为妈妈你随时牵挂着孩子，身心都是紧张的。担心如果不给孩子回家拿水，自己就不是好妈妈。当你为孩子付出后要求孩子必须配合，因为配合才会让你感觉到，自己真的是一个好妈妈。如果不配合，你的敌意就直接外显，蕴含的台词就是"都是你，我才这么辛苦"。

但是现实经验告诉你，孩子没有让你这么辛苦，他现在并没有口渴的需求。这使得你的好妈妈幻想在那一刻直接破碎掉，因而引发敌意和攻击。

解决这部分还需要能够更加深层地看到自己的渴望。例如，在这个案例里面，妈妈一直在努力做好妈妈的需要背后，是自己的恐惧，而恐惧背后则是害怕被遗弃，这些创痛都要被一层层拥抱，当妈妈够安全、有信心的时候，对孩子就不会那么抓取了。当然这个深层的部分，一般是需要在专业陪伴下完成的。

让自己活得更快乐一些，多做一些使自己放松的事情，无论是做运动、听音乐、看电影、去旅行，还是其他的方式，只要能够让你感觉到舒服、放松，都有助于你化解自身的敌意。

本节要点：

理想化的背后都蕴含着敌意，它代表着危险，应对敌意的方式便是开启理想化防御模式。

力求完美的背后，其实隐含着对自己以及他人的攻击。

你完全可以去恨自己的孩子而不必过于担心，因为恨是我们人类的一种基本情感。

选择一种能够让自己感到舒服、放松的方式，帮助你化解自身的敌意。

三、讨好丧失真实自我

完美主义倾向的人，往往充满了内在恐惧，而完美的目的在于讨好让他感到恐惧的人。来看看，讨好，如何让你丧失了真实的自我。

讨好，恐惧情境下的生存策略

曾经有位网友留言给我，她说母亲对自己大吼大叫时，自己不知道该怎么办才好，如果不顺从母亲，被打是常态，母亲打了之后还会冷暴力对待自己。小时候，她总是做噩梦，梦到一个女鬼追着自己，用剪刀要剪断她的喉咙，这让她害怕自己会被母亲掐死。这种死亡近在咫尺的感觉，让她感到非常恐怖。

身处如此恐怖的情境，如何生存下来？讨好，是个体自身发展出来的一种极为有效的防御策略，可以在对方强大，而自己处于危境时保存自己。

一位朋友对我说，她小时候发现，只要按照母亲要求的去做，母亲就会对自己和颜悦色。当母亲生气的时候，只要自己去哄一哄，母亲就能高兴起来。渐渐地，每当母亲心情不好时，她都会跑去安慰。因为只有母亲高兴，自己的天空才会晴朗。成年后，她却见不得别人有情绪，对这些情绪感到厌恶，她说自己受够了总是照顾别人的情绪。类似的情况并不少见，我们很多人都在童年讨好过大人，努力地想让他们高兴起来。

讨好令人失去精神上的自我

当你变得没有主张、没有想法、没有自己的感觉，只是一味地迎合他人时，你可以问问自己，感觉快乐吗？活得有热情吗？我们身边不乏这样的人，讨好令他们失去了精神上的自我。

有位来访者，接受我的长程咨询。我记得她最初来的时候，始终谈论自己的学业和工作如何顺风顺水。这位来访者重点大学毕业，一路读到研究生，毕业后顺理成章留在了大城市，老公家底殷实，他们还有一个聪慧可爱的孩子，一切看起来都很完美。记得第一次咨询快要结束时，我问来访者："自己的人生如此完美，为什么你还要来进行咨询呢？"她沉默了一会儿说道："我不知道。也许我就是想找人说说话吧，总觉得心里压着什么，喘不过气来。"我感到一刹那的悲伤。我说道："你不快乐。"她没有说话，眼泪顺着眼角流了下来。那次咨询结束之后，她决定接受长程心理咨询，想要知道自己究竟为什么不快乐。

如果我们了解一下这位来访者的成长史，或许能够更理解为什么她会有这样的感觉。

这位来访者的父亲常年在外地工作，家里只有母亲和她。母亲对她百般照顾，从来不让她做任何家务，只要好好学习就行。她没什么朋友，每天就是乖乖上学，乖乖下学，小时候学小提琴也是在母亲的要求下才学的，小学五年级时课业加重才停了下来。人生中唯一一次叛逆是考大学时，报考了外地的大学，不过专业却是父母选定的。毕业后她进入了事业单位，也是母亲觉得好，才选择了这份工作。在她的整个成长过程中，她的一切感受、喜好，仿佛都不存在，也一点都不重要。母亲要求做什么，她就做什么，母亲不高兴的事情，她一律不做，母亲的需求就像是她生命的主心骨。母亲高兴就是她生命的全部，一个负责发送指令，一个负责执行。

大学四年，来访者过了两年还不错的自由生活。直到开始谈恋爱，她发现自己一进入亲密一点的关系就开始失去自我意志，不自觉地讨好对方，但是最后总是因为各种原因分手。结婚生子之后，她仿佛过着同样的机械生活：听老公的、听单位领导的、听母亲的，她已经习惯了对别人言听计从。她没有特别的喜好，甚至不知道什么是喜欢，什么是不喜欢。

从她身上，我似乎感觉不到作为人活生生的感觉。有一次，我因为外出，咨询暂停。等我们见面的时候，她对我说，自己一直期待着能快一点见面。我回应道："你想念我了。"来访者哭着说，自己竟然不知道这个感觉叫作想念。那一刻，我感到深深的悲伤。

讨好，使她的自我感觉变得麻木，活得像一个物件，这正是来访者觉得生活没有滋味的原因。她说以前没有这种感觉，有了孩子之后才觉得生活没有意思。一切顺利还好，一旦遇到一点点不如意的事情，就觉得很累，甚至莫名其妙地想过死掉算了。

当一个人没有自我，把自我意志拱手让给别人，由他人主宰时，自己就已经失去了个人领地的主控权。这时候会出现两个维度的变化：一个是觉得人生都是由别人决定，怎么过都一样，我是不存在的，由此陷入极深的无意义感里。另一个是活着的需求，使得对外界的依赖增加，如果对方如自己所愿，便会获得一种全能的感觉，但是如果对方或是周围的环境没有如愿，讨好者往往会陷入失控，而失控带来的崩解感会严重威胁个体的自我统合。这两个点加在一起，会加重人的绝望。

讨好核心：委屈自己成全别人

按照对方的期望回应，意味着放弃自己的想法和需求。有时候，讨好者会以仁慈的样子出现，就是那种不好意思伤到别人的感觉。分享一个我自己的例子。

有一次，家务阿姨来家里做保洁。进门前，我就听到楼道里发出很大的争吵声。当时，我的内心略微有些不爽，希望她能在进门工作前把自己的事情搞定。进门之后，家务阿姨开始做事情，很快再次陷入电话争吵中，声音非常大，又吵又哭。

我心里越来越不舒服，走到她的面前，想看看如何让场面缓和下来，让家务阿姨完成工作。但是当我看到她眼泪汪汪的样子，感受到她的巨大委屈，我把想要说的话迅速咽了回去。她见我出现，马上说："你说我家那个哥哥，多没良心……"

我很清楚自己很快就要被卷入一场"谁有理"的旋涡之中。那不是我希望的样子，我希望她能够停止争吵，因为现在是工作时间。但是那一刻，我觉得自己这样做太残酷了，她现在多痛苦啊。本来要说的话没有说出口，只能说："我现在没有办法安慰你，你慢慢冷静一下，那样的人就不必和他计较了。"话一说出口，我都对自己感到生气，没有了自己的意志。

电话中的争吵并没有停下来，我又一次想跟她沟通，还是没有说出口。我一个人坐在房间里生自己的气，觉得自己很没用。想着家务阿姨今天的情绪，可能做出的饭菜都蕴含着愤怒的味道，我请她完成手中的工作就离开，我们自己准备晚餐。那一刻，我最大的愿望就是家务阿姨快点结束工作回家，我不想再见到她。那个时候，我已经明确感受到自己对她的敌意。

后来又发生了一件事情。我把一个小包裹放在桌上，里面放着我准备送去修复的戒指。隔天出门的时候，我忘寄快递了，准备第二天再邮寄。早上我准备邮寄的时候，小包裹不见了。我问家务阿姨看到没有，这时她才意识到自己把包裹当垃圾顺手丢掉了。

听到这里，我心里很生气。家务阿姨平时做事没有乱丢过东西，这次无意丢掉包裹，好像没有理由斥责。家务阿姨赚钱也不容易，几千块钱的戒指也不能让她赔。我心里想着，却感觉一股子气在身体里升腾，果然晚上网购的时候，竟然跟商家起了冲突。

后来，我和自己的治疗师谈到这件事情。她说家务阿姨当然要丢掉你的东西泄愤了，因为你没有办法安慰她。听完这话，我心里一怔，开始梳理起这件事的各个细节，家务阿姨竟然在无意识层面丢掉包裹攻击我。我的伪善和所谓的仁慈、理解她的难处，无非是想获得通情达理的好名声。在事情发生的那瞬间，我们的边界消失了，她像是一个不满足就攻击的孩子，而我成了一个想满足却心不甘情不愿的母亲，一种深深的恐惧把我们纠缠在一起。

看清这些，我明白自己要发出真实的声音。过了几天，我找来家务阿姨想好好谈一谈，过去的几天让我有足够的时间处理自己的愤怒，当我们谈论这件事的时候，已经没有了敌意。我平静地对家务阿姨说，她心情不好的时候会影响自己的判断，很容易就丢错东西。这是一份工作，我希望她来这里保持一个工作的边界，紧急的事情可以简单通话，但是工作时间希望她能全心工作，有什么事情应该回去再处理。

我们一起商量了赔偿，各自承担一定的费用。我不用再压着内心的愤怒，家务阿姨也很高兴可以这样沟通和解决这件事，她也可以继续留在我家工作。对我来说也算是一个完美的结局。如果我不能把这些说出口，势必会影响到未来的相处。时间久了，内在无意识的攻击性和破坏性会更多。

讨好者如何成为真实的自己

我讲了自己生活中的例子，虽然有点周折，但是我还是想把它说出来，因为我深深地知道，讨好别人如此普遍地存在于我们的日常生活中。这种讨好太隐秘了，和我们通常认为那种讨好型人格本质上却是一样的，在讨好那一刻丢失了自我，允许对方侵入自己的空间，让自己成为一个老好人，试图满足对方的需要。内心自我冲突的那一刻，会在无意识层面攻击自己，攻击关系中的对方，同时也被对方攻击。我们通过觉察能够发现违背内心的声音，唯有一点一点地去理解、思考，才能分辨自己到底想要什么，并且在现实中加以检验，才能做真正的自己。

首先，允许自己成为真实的自己。你不需要成为他人眼中的样子，尝试做自己想做的，照顾好自己。

其次，尝试着表达拒绝。第一次开口拒绝并不是一件容易的事情，当你开始尝试着说出这个词，你已经开始迈出成为真实自己的第一步。如果你害怕拒绝，可以先积累一些信心，从一些小的事情入手。比如，可以先从陌生人开始练习拒绝，你在超市试吃了一小杯酸奶，如果不想买，就坚定地拒绝促销员的推销。

最后，学会面对和接受。如果在某个关系中，对方连你的拒绝都接受不了，这种关系并不是健康的关系，我们需要把精力放在滋养的关系上，而不是相反。

本节要点：

讨好，是个体自身发展出来的一种极为有效的防御策略，可以在对方强大，且自己处于危境时保存自己。

讨好带来的崩解感会严重威胁个体的自我统合并且进行自我攻击，这是一场内在战争，残酷至极。

讨好者把自我意志拱手让人，由他人主宰，自己失去了生命的活力和热情，讨好他人，过分讨好自己，容易陷入抑郁状态。

日常生活中的讨好行为带有伪善的面具，既不尊重自己，也会使得他人伤害自己，在无意识层面彼此攻击。

做真实的自己需要勇敢地迈出第一步，先从小事做起学会说出拒绝，逐渐理解、思考、分辨和现实检验，慢慢找回丧失的自我。

互动：恨和爱一样，都是人类的基本情感

我们来看一看，一些听众的留言提问。

"黄老师您好！我平时很少与人发生冲突，很多不满也常常闷在心里，我几乎不会给他人提出要求，感觉给他人提出一点要求或是建议，哪怕事情很小，好像自己提出就等于发出攻击。有时候也劝告自己这不是敌意也不是攻击，可是就是很难说出来，生怕伤害别人，感觉这样会让别人不舒服，干涉了别人的习惯和自由，也担心发生冲突进而影响关系，但是我心里却很堵，请您分析一下我这是怎么回事呢，感谢您的解答！"

回应：

我看到你的关键词是：不给他人提要求。你会很在意别人内心是否舒服，你在关系里把自己牺牲掉了。我有一个问题："你是不是觉得自己哪怕发出一点点攻击，都等于自己把别人伤到了？"我现在请你，以及和你一样有类似感觉的朋友一起来检验一下，别人是不是真的那么脆弱？你发出一点要求，就是干涉别人的自由？这个在现实层面上有多大可能是真的呢？

如果你仔细想想，就会发现，这个在现实层面上的真实性是非常低的。看起来就像是你把别人想象得很弱，而你很强。他们没有办法抵抗你的一丁点力量。我提一点要求，就会伤到关系的想法也是我们所说的全能自恋。这个自恋幻想的背后是：我的影响力很大，我很怕我会毁了这个世界，也怕被这个世界所毁灭。

很多人都会有这种恐惧，觉得自己走在大街上，别人会盯着自己看，自己说的一丁点声音，都能够影响到别人。其实，每个人最在意的是自己。你觉察一下自己，是不是你一天到晚更关注的也是自己。

很少与人发生冲突，如果自己知行合一，内外一致，那是很高的境界和状态。但如果一方面很少与人发生冲突，另一方面又感觉到委屈不满，那其实是压抑了攻击性。

这种情况之下，你对别人是很愤怒的，你的要求提出来，也是带有敌意的，而这个敌意是你很难驾驭的。从你的文字里，我还是感觉得到，你在很努力地从意识层面说服自己，其实也是在强迫自己。你太恐惧这个毁灭感，所以，你不敢发出要求的声音。这当然心里不舒服了，就是你说的堵在那里了。

解决这个问题的核心就是减少你的恐惧。除了你要不断成长，增强自己的力量感，还有一个最重要的部分就是我上面讲到的：在现实中检验。你要不停地去跟这个世界碰撞，这样才能够确认现实的边界。如果你一直在全能自恋的幻想里痛苦，就永远摸不到现实的边缘，那永远是在一个幻想的层面。当你用你的隐忍，拯救你身边的人，你各种委曲求全，忍让他们时，说明你没有照顾好自己，你是在给你内在攻击性增加破坏性的力量。

每个人都有攻击性，你应该看见你自己，作为一个人，有真实的需要，去尝试表达是照顾自己的方式之一，这也是我们之前在第一部分真实之美那一节提到过的，与真实的自己连接。

当你真正地作为一个人活在这个世界上，有人的各种情感，有喜怒哀乐，有需要，有向往。这样人会觉得这才是生活，而不只是活着。

恨和爱一样，都是人类的基本情感。

我们来看另一个留言。

一位读者朋友说："每当我指责孩子，指责爱人之后，我觉察到自己是在追求全能自恋失败以后深深的失望和愤怒。之后我就陷入深深的内疚，觉得自己不好，不完美。我怎么可以对自己的孩子和自己的爱人有敌意、有恨呢？我不太能理解人可以恨自己的孩子和自己的父母，这句话。真的可以吗？总觉得恨父母、恨孩子的人是少数的、是邪恶的。怎么才能让我真的在潜意识层面接受这种观点呢？"

回应：

指责其实就是一种浅层次的恨。

你的留言，让我看到你内心有一种批评的声音一直在指责你自己。你内在的苛责使你要成为一个完美的人，完美也是一种自恋的幻觉。你所表达的其实是一种不被接纳的感觉。不完美就不值得爱，如果你去恨，还对别人有敌意，就是不完美。

这个要求对任何一个人来说，都是攻击。因为它违背了作为一个人的基本准则，一个人就是会有各种面向，有各种情感，还会有各种犯蠢的行为。

你一直在攻击自己，也在攻击别人。你做不到的完美，你会期待他人能做到。你说这样的关系，别人累，你也累啊。

如果你真的不恨，没有敌意。你就不会指责别人，指责自己。对他人的苛刻通常都是因为你对自己苛刻。一个有爱的人，对他人是真诚的、友善的，也是宽容的。

怎样接受这种观点？

先需要了解：恨和敌意是每个人都会有的情感。没有好和坏之分。当了解了之后，也许你的抵触就不会那么强烈了。

人们觉得不能恨自己的孩子和父母，其实是不敢恨，这里面有对于自己恨他们的恐惧感和内疚感，有的人会认为，恨他们，自己也是不完美的人了。但无论怎样，当一个人恨另外一个人，哪怕是自己的父母至亲，恨这种情感不会因为一个人觉得不应该恨，或者不能恨，她就不恨了。这不是一个靠意志力、靠意识就能决定的事情。如果出现了恨，那就是恨了，只能去转化它，而无法灭掉它。

还有一个深层次的原因，我认为接受起来不那么简单容易。

这种不完美其实是跟自己的童年经历有很大关联的。父母和这个世界都更喜欢你美好的、阳光的那一面，而排斥另一面，这是分裂的两种情感，它们都存在，却没有被真正地整合。

要想从潜意识层面真正地接纳这个观点，需要先接纳自己。这需要一些深度的成长，才能慢慢地重新整合。我们接纳自己是不容易的，那些曾经不被接纳的部分，就像是我们的一种丧失，现在我们要把它找回来，熟悉它，与它产生更多的连接。这需要时间。

关系继续的前提是，彼此保有基本尊重。

再来看看最后一个问题：

"我的生活，一直是忍忍忍，忍不了了，同归于尽。我似乎不知道应该怎样拒绝别人，可又经常挥舞利剑，伤到别人的同时，也会伤到自己。"

回应：

这个问题很普遍，每一次都是忍，忍到最后，忍无可忍了。其实忍到最后有两个结果：要么爆发，要么沉默。这两个都会死去。你选哪个？

今天来给大家分享一个，我拒绝他人攻击我的例子。

前天，我在看后台留言的时候，一个留言让我看起来很不舒服。他已经没有任何底线地骂粗口。主要内容就是，嫌我们这个攻击性内容更新慢了，他天天上线刷，但总是没有按照他想要的方式更新。我说的按照他的方式是指他幻想中的方式。他觉得他想要更新的时候就要看得到更新，我们目前的内容，都是按照承诺时间更新的。我们没有背弃约定。

他有一个期待，我很能理解，甚至我还能感觉到他大概是很想看到这个内容的更新，所以才这么急切。

我非常理解这些。但我的底线是，我不接受他对我爆粗口，对我不尊重。我感觉到自己的愤怒。

在这里留言，表达你的任何情感，我都可以接受。但是，如果对关系没有基本的尊重，那么对不起，我可以拒绝这种恶意侮辱。

我是这样反馈的，我跟他说："我很不喜欢你说话的方式，我对你骂我粗口，不尊重我的行为感到很愤怒！我尊重你的情感，但是如果你继续以这样不尊重的方式来对待我，那么我将不会愿意再看到，也不会愿意回应你的任何一句留言。直到你重新用尊重我的方式，我才会愿意与你建立新的连接。"

这些话发出来之后，我心里挺畅快。我是一个内容创作的导师，如果我创作的这些内容对你有触动的地方，欢迎表达，但这是有底线的，基本的尊重是要有的。不是说在一个关系里，一个人这样对待你、侮辱你，你还得接受他这么做，而自己只能生闷气。

要分享给大家的是，只要是人，就会生气，我们为什么一定要做个神仙，十全十美呢？对于这么不礼貌攻击我的人，我绝不会委屈我自己。也就是我的"不好惹"本性出现了。能为我自己的尊严做点什么，我会觉得很有力量。

你提到的"忍"，就是要学会拒绝，这的确是一门重要的学问。

如果你不去拒绝，别人大概不知道你的底线在哪里，这样他们会继续突破你的底线。你需要对自己的界限有一个觉知，这样好给外界精准信号。可以从小小的"不"开始，当你开始照顾自己的需要，那个叫作"忍"的张力就会下降一些。

在自己可以尝试拒绝的情况下，要做好的准备是，有些人就是不跟你说话了，不理你了。也就是要做好准备承担一切可能的结果，并从这个结果中存活下来，这样的经验多一点，你的恐惧也就会少一点。

但如果是实在不敢拒绝，这背后是关于自己的养育创伤，如果从小到大都是这样，那就需要做深层修复了。

我们自己是值得被珍视的，我们的情感、我们的人格，都需要得到基本的尊重。有些质量不高的关系是可以沉没的。就像经济学中的沉没成本。让它翻过去，只要你开始尊重自己，你会吸引到那些愿意尊重你的人来到自己身边。

第四部分　攻击性与焦虑的关系
焦虑：受抑制的自体感

从这部分开始，我会从原因层面、理解层面和方法层面讲解焦虑与攻击性的关联，有了前面部分的铺垫，结合日常生活的具体事例和实践方法，你会更容易理解焦虑背后的秘密。

一、离开你，我就活不下去

这一节的标题，听起来有些匪夷所思。

"离开"，既包括个体主动离开一个关系，也包括主体被动离开；"活不下去"则是个体丧失了这个关系，痛苦程度堪比死去。这种痛苦在精神层面是一种无意识深处的死亡焦虑。

在第三部分，我们谈到关系中的共生，不仅包括一起活着，还包括一起死去。所谓同生共死，就是两个生命纠缠在一起，没有分化。这是婴儿期发展的必经之路，发展到一定阶段才能开始分化，而存在于成年人关系中的共生，却是没有成功分化的共生。彼此粘在一起，一方一旦生出分离的愿望，意味着共生的幻想遭到破坏，不想分离的一方感觉被抛弃和濒临死亡，努力借由强烈的控制感继续活在共生的幻想中，但是关系中的另一方不一定会配合这个游戏。这种成年人的共生关系，因为强烈的死亡焦虑，使人有一种被牢牢抓住的窒息感，让人想要逃离，然而越焦虑，越要控制，越控制，便越焦虑，最终演变为一种无解的循环。

"一切都是为了你好"的背后逻辑

"我觉得你需要，然后我就强加给你"，这句话有件美丽的外衣"一切都是为了你好"。我们都知道"有一种冷，叫作你的妈妈觉得你冷"。曾经有个网友留言说，如果自己拒绝母亲多穿点衣服的要求，母亲能在身边唠叨一整天，使尽浑身解数就为了让她穿衣服。这种逻辑的背后就是：你不添加衣物，让我很焦虑，你要添加衣物配合我的焦虑，否则我就会死去。

当关系中的一方不把另一方看作独立的个体，便会忽视对方的情感、意志、需要，只是把对方当作一个接受命令并且执行的机器。这是冰冷残酷的人际关系。

事实上，每个个体都具有独立的意志，这种感觉对谁来说都不会舒服。人们会通过对抗、逃离、破坏等各种方式应对这种不舒服感。这种过度控制是对关系的攻击和破坏，本质上是边界意识的丧失。

我们在影视剧或是现实生活中，常常会看到子女已经长大成人，甚至结婚生子之后，父母还会以各种方式介入子女的生活，这样的情况常见于孩子的母亲。

我的来访者中有一位姑娘，她已经和妈妈分开住了。但只要她妈妈来家里小住，她每次回到自己家，就感觉这个家不是自己的，而是母亲的。母亲占据了整个主场，母亲决定吃什么、东西放在哪里，甚至外出前母亲会做好饭菜放在冰箱，理由竟然是怕她饿着。

这听起来令人难以相信，已经成年的女儿甚至连温饱都搞不定，这位母亲的逻辑显然经不起推敲。在被焦虑吞噬的母亲那里，她已经没有了逻辑，也丧失了现实检验的功能。在她的认知里自己离开家孩子可能会饿着，所以提前把饭菜做好，这样自己的焦虑就能够得到缓解。

这位母亲认为孩子离开自己就活不下去，其实是一种投射。所谓投射就是，一个人把自己内心的愿望映照在另一个人的身上，这位母亲觉得女儿离开自己就活不下去，其实是她自己离开了女儿就活不下去。女儿为了逃离，经常不打招呼就离开家去旅行，每次到了目的地才发个信息告知母亲。母女关系到了这个份上，控制的母亲与逃离的孩子都不会感到享受。女儿无法直接公开地与母亲争吵，就采取被动离开的方式，所谓"吵不过你，我走，还不行吗？"这种方式反而让母亲更为焦虑，由此母女关系呈现出越控制越焦虑，越焦虑越控制的恶性循环。

把孩子当作自我安全感的"人质"

还有一种情况就是控制性的母亲与压抑顺从的孩子。这样的孩子对母亲言听计从，毫无自己的主张，自身的生命力被严重压制，很容易陷入抑郁状态。

事实上，一名儿童青少年咨询师是很不容易的，因为咨询师不仅与孩子一起工作，还会牵涉庞大复杂的家庭系统。我在从业之初接待过一些儿童青少年个案，每当孩子状态出现一些好转，父母就会停止咨询，这也让从业之初的我感到非常挫败。

从精神分析的角度来说，青春期孩子的父母很可能会对咨询师产生嫉妒，担心自己的孩子喜欢、依附咨询师，而父母失去在孩子心中的地位，常常会在孩子状态有所好转的时候立即停止咨询。还有一种情况是，父母可能并不能真正地接受孩子有自己的独立性，所以在孩子呈现出好转性的独立时，也会停止咨询。当然，有一些觉醒的家庭是很不同的，孩子也因此更加受益。

孩子养育的控制环境掌握在养育者手中，更确切地说作为养育者，父母自身的安全感和独立性决定了孩子是否能从共生关系中顺利分化，成为一个独立的个体。

缺乏安全感、独立性的养育者与孩子的关系也不会感到舒服，孩子会用他们自己的方式表达对控制的抗议和反击。如果养育者不提升自身的安全感，继续借由控制孩子满足自身的安全感，这种反抗控制的模式就会一直延续下去。

无法控制自身的焦虑，认为他人在自己的照拂之下才能够存活，自己才感觉心里舒坦，这些都是把自身的死亡焦虑投射到他人身上的结果。一个过度控制的人没有活在当下，他永远在为未来的不确定做好规划，如此才能减轻自身的焦虑感。换句话说，控制是为了能够获得确定感，这种确定带来了一种安全感。

这种安全感总是需要以他人的自由为代价。我在这里说的控制是指过度控制，而不是对孩子的日常管教。当个体过度焦虑的时候，内心是完全失控的，于是就会通过控制他人获取确定性，缓解自己的焦虑，而被控制者会感到紧张并且在关系中不断试图逃离。

被控制者如何抵挡他人的控制？

如果个体有严重的过度焦虑，可能意味着在成长过程中发生过一些创伤性事件，通常与分离情境有关。

举个例子，孩子幼年的时候往往会借由违抗来表达的自己愿望，常常说"不"，如果母亲给予正面的反馈，孩子独立性的力量会得到鼓励，但是如果母亲的反馈是"不什么不，你才多大，要听妈妈的"，那么孩子独立性的力量是被压制的。

在咨询中，我注意到，当个体幼年时，如果这种寻求独立的力量被养育者过度压制，从共生关系中的分化遭受的挫折往往更大。在成年后的人际关系中，常会把这种挫折感施加到周围人的身上。

挫折感会在外显行为上演变成僵化的控制，它在不同程度上影响着个体的人际关系和幸福感。我们都知道没有人愿意被控制而丧失自我意志，这种过度控制和极力摆脱控制的关系，往往无法建立起满意的深度关系。于是关系要不就是防御性地在外围，隔着一堵不能靠近的墙，要不就是相爱相杀，痛苦得让人想要逃离。

亲密关系建立的障碍，会进一步加深控制者的孤独感和焦虑感。对于被控制者来说，这种关系充满紧张、焦虑、压迫并且伴随着愤怒，长此以往不是在沉默中出现心理健康问题，便是在沉默中爆发巨大的冲突。

如果你在关系中是被控制的一方，我想给你三点建议，以帮助你在被控制的时候保护自我。

首先，学会拒绝。当你在任何关系中感觉不舒服，或者感受到明显或隐含的过度控制，把这个识别出来，想办法关照自己，别委屈自己。对于可以说的人和关系，可以勇敢说出来。如果对方不是可以信任的关系，就找机会离开。

无论怎样，对这种过度控制你的人或者关系，表现出拒绝的态度，它会让你的力量，更加容易回到你的中心。虽然拒绝是不容易的，但依然可以从小事练起，直到你有了更多力量。

其次，警惕一种幻象。如果关系中对方经常性地贬低你，说什么你这个也不行，那个也不行，没有对方，你什么都做不成。这种幻象也就是我们通常所说的PUA[①]。事实上，除了新生儿要依赖养育者才能存活，成年人可以依靠自己的能力做非常多的事情，要相信自己的潜在力量。当有人这样贬低你时，记得从这个幻象里跳出来，没有谁有这个资格这样对待

---

① PUA，意为精神控制。

你。不要给这样的人伤害你的机会。

最后，学着让自己独立。很多被控制的人，往往具有依赖性的特质。那么，学着自己独立起来。这当然是一个人生的大课题，正因如此，它才如此重要。即便是现在还更多地在依赖，没有办法分离，你依然可以在心里埋下独立的种子，随着你的日益精进，不断成长，有一天，你会强大起来，可以离开那些让你不舒适的关系。

本节要点：

共生关系是婴儿期发展的必经之路，发展到一定阶段才能开始分化，而存在于成年人关系中的共生，却是没有成功分化的共生。

在成年人的共生关系中，一方具有强烈的死亡焦虑，另一方则要逃离，使得控制者越焦虑越控制，越控制越焦虑，最终演变成无解的循环。

过度控制是对关系的攻击和破坏，本质上是边界意识的丧失。

作为照顾者的父母，其自身的安全感和独立性，决定了孩子是否能从共生关系中顺利分化，成为一个独立的个体。

个体具有严重的过度焦虑，可能意味着在成长过程中发生过一些创伤性事件，通常与分离情境有关。

二、焦灼的婴儿与缺位的母亲

我们先来看一些感觉和体验。

不知道你会不会经常有这样的感觉，总是觉得很累，这种累不是我们平时那种好好睡一觉就能恢复体力上的累，而是像连绵的雨水给人永无止境的疲劳。在忙碌的时候，总有一种紧张、焦虑感，一旦事情忙完，便会陷入另一种无所事事的焦虑感当中，有的人甚至在睡眠中都是紧张的。

这种感觉比平常因为某件事感到的焦虑更让人难以忍受，好像进入了另一个时空，时间变得很慢，无边无际，只有你自己一个人，不知道自己是谁，不知道身在何处，也不知道要去哪里，心里空落落的。这种深深的无力感，伸出去的每一根手指都是软绵绵的，仿佛快要死去一样，即便呼喊也没有回应，犹如陷入无边无际的黑暗深渊。

写到这里，我感到有些心痛。因为自己在很长一段时间里都有这样的感觉，有时候会不自觉地想把时间都填满，做很多事情，但是一段时间之后，感觉整个能量就完全坠落下来。这种把时间全部填满的行为，其实就是一种心理防御，这种心理防御可以帮助自己远离内在强烈的无力感、漂浮感、低价值感和孤独感。

未经过依赖的独立是假性独立

这种防御机制并不少见。

我的一位朋友说，她以前是那种看起来特别独立，特别高冷，很少依赖别人的那类人。遇到自己的心理咨询师后，竟然感觉自己就像一个小孩子，总希望一天24小时能够见到自己的咨询师。这位朋友很惊讶自己对于关系的渴望和依赖如此强烈，与自己之前高冷、独立的样子，简直就是两个极端。

这朋友之前的独立，其实是一种假性独立。为了让自己看起来强大一些，看似有力量的样子，其实内心充满了空虚感。她的生命，没有感受到曾经被母爱之光深情凝视过，没有真正地互动相遇过，就是那种空的、不知道自己在哪里、内心世界没有人的感觉。

一天24小时都渴望见到咨询师的来访者，实际上就是渴望24小时都能见到母亲的婴儿。这种感觉不仅仅是渴望见到、想念，而是内心一种强烈被看见、被陪伴的渴望，就像婴儿，唯有被看见才能感觉到自身的存在，才能感觉有意义。

如果婴儿是在母亲缺位的环境中成长，他成年后可能会发展出"飞蛾扑火"式的关系模式，他人给予的一点温暖和关爱，就可能使其愿意倾其所有的付出。

曾经有位姑娘跟我说，自己的男朋友在她心情低落的时候一直陪伴左右，关心她，给她买各种零食，自己被对方感动，但是后来发现这个男人还与其他女性交往。艰难地分手之后，这位姑娘反思，仅仅是对方买零食、陪伴自己，自己就投入这段感情之中吗？当然不仅如此，令这位姑娘感动的是那种有人惦记、有人重视的感觉。

这位姑娘的成长过程很孤独，没有人像那个男人一样关心、陪伴她，买零食给她。对亲密关系和爱的渴望，让她对什么是真正的爱失去了判断力。对方给予一点点温暖、关心，她就误以为那是爱，甚至在关系中因为害怕被抛弃，牺牲自己的利益换取对方的高兴。这种关系中的不平等，当然不会有真正的幸福感。

焦灼的婴儿对应缺位的母亲

处于焦灼状态中的婴儿常常体验到强烈的低价值感，他们感受不到自己被珍爱、被疼惜，婴儿会借由不断地给出信号寻找照顾者的关爱，在不断的受挫中借由无意识的幻想理解为什么没有人呵护自己。

从精神分析大师们对于婴儿和成年人的研究来看，很多婴儿在婴儿期早期的无意识幻想中认为自己的呼唤没有回应，甚至被羞辱、被贬低，这些都是因为自己不够好，所以才会被养育者遗弃。这种无意识幻想很残忍，却帮助孩子找寻到一种希望感："如果我变得足够好，我的养育者就会爱我。"变得足够好的意思就是本来不够好，妥协、讨好就能变好，这种无意识幻想常常会一直持续到成年，与之伴随的是内心总有一个严厉的声音"你不够，你还需要更好"，最终影响到人际关系的方方面面。

事实上，缺位的母亲可能是逼不得已，或是受不了婴儿而逃离，即便母亲在场，但是与婴儿毫无交流、凝视，也没有其他照顾者在场替代，婴儿便会在无意识幻想中认为自己被遗弃了。

一位来访者曾经告诉我，在她的记忆中，母亲永远在忙，好像那些活儿永远也忙不完，母亲从不曾陪她一起玩游戏或是读一本书。自己是独生子女，要是哭闹了，母亲索性就打开电视。母亲的缺位对这位来访者的人生有着深远的影响。当她成为母亲后，阅读了大量育儿宝典，准备实践，耐心倾听、专心陪伴，但是跟孩子坐在一个地方几分钟，她的思绪就跑了，甚至都不记得从什么时候开始心思就不在孩子身上了。来访者努力提升自己的觉知，努力把自己拉回陪伴孩子的场景，但是过不了多久思绪又跑了。她感到恐慌、烦躁，只想冲孩子发火。

如果把来访者的行为与她的童年经历联系起来，我们就不难发现母亲的目光几乎不曾与她的目光发生交集，她无法从母亲的目光中看到自己。母女虽然身处同一个空间，心却在两个世界。她没有被母爱之光凝视，自然也不知道那是一种什么样的感觉，孩子投过来的目光令她惊慌失措。

其实在那一刻，孩子对母亲的渴望就像一个扳机点，打开了来访者童年没有被陪伴的痛苦以及被遗弃的愤怒。母亲很难消化这种创伤的情绪，也就很难在当下陪伴孩子。

有一些网友问我，为什么明明觉得自己是很爱孩子的，但在陪伴孩子的时候却感觉很痛苦？

这个问题的答案正是如上所说，如果母亲能够意识到自己的童年未曾被好好陪伴，没有被母爱之光凝视，就能够理解，自己没有办法在母亲的位置上陪伴孩子。在陪伴孩子的那一刻母亲正在经历内心的一种艰难——自己那种渴望被陪伴却没有得到的痛苦被重新体验到，根本无力关照到孩子的需要，也无法享受到和孩子在一起的美好。

焦灼婴儿未被爱凝视的生命

焦灼的婴儿内心还有一个痛苦，这个痛苦是关于孤独。没有目光的凝视、没有养育者的呵护，婴儿的内在世界荒芜而灰暗。婴儿期的这种养育经历常常会导致两种极端情况：一种是成年后不愿意接触更多的人和世界，性格内向；另一种则是害怕孤独，即便被虐待、被伤害也要和某个人在一起。这也是为什么有的人会说差的关系总好过没有关系，没有关系才更可怕的原因。

武志红老师曾经说"对于婴儿来说，无回应之地，即为绝境"。绝境，意味着死亡。当我们谈到这些童年的经历会感到悲伤。我们的父母从他们的父母身上学习养育的方式，我们又从父母身上习得养育的方式，但是现在我们有了更多的成长机会，情况会变得不同。

那么，一个内心有着焦灼婴儿模式的成年人如何能让自己生活得更有尊严、更有力量呢？我有以下几点建议，也许能够帮助你。

第一个建议就是学着照顾好自己。任何关系中，首先要照顾好自己，老话说"穷则独善其身，达则兼济天下"。在任何关系中，当你忽略了自己，这种关系都是不健康的。如果在关系中感到匮乏，一定不要急着去照顾他人，自己是最重要的，也是良好关系的基础。

第二个建议就是学会看到自身的价值感。从任何一件小事开始，当你能够解决一个个小问题时，试着用语言对自己确认这种价值感。比如，我能把这件事情做成，我为自己感到高兴，我是一个有价值的人。

第三个建议就是对关系保持觉知。如果感觉在关系中出让自己的利益满足对方的需要，试着停下来，认真感受自己的感觉。这一点并不容易做到，但是当你能够通过觉知并且试着停止自我牺牲，你会发现一些不同。贬低个人价值的关系，如果做不到主动回击对方，至少可以尝试结束这段关系，不要让自己成为关系的牺牲者。

最后一个建议就是尝试寻求外界的帮助。因为涉及了童年早期的内在创伤，如果生活中没有能够滋养自己的环境，我会更建议寻求专业人士的帮助。虽然我自己的外在滋养环境非常不错——喜爱的工作、默契的伴侣，还有很多志同道合的朋友，但是仅仅这些还不够，我也会定期去见自己的治疗师，这个关系更专业、安全，充满了滋养，也让我自己非常受益。

本节要点：

未曾被母爱之光深情凝视、没有真正意义上的母婴互动，成年后会拥有强烈被看见、被陪伴的渴望。

焦灼的婴儿在成年后会发展出"飞蛾扑火"式的关系模式，当他人给予一点温暖和关爱，就可能倾其所有地付出。

缺位的母亲或是即便母亲在场，她与婴儿毫无交流、目光凝视，也没有其他照顾者在场替代，婴儿会在无意识的幻想中认为自己被遗弃了。

焦灼婴儿模式的成年人，可以尝试学着照顾好自己，不断觉知重新构建自己的健康关系。

三、焦虑源于过高的期待

先来讲一个我自己的经历。

撰写这本书的过程中，我一度觉得自己完成不了，好几次想要放弃。当然，很多原因造成了这种想法。其中一个最主要的原因是我很害怕，担心砸了武志红老师的牌子，这会让我感到羞耻，也担心自己无法满足读者的期待，这会让我很无力。这两个原因叠加在一起，导致我在写作过程中常常大脑一片空白，什么创造力都没有了。

还是武志红老师帮我破除了这个迷局。有一次他和我谈话，压根就没有说不要担心、做不好没关系之类的常规安慰话。他只是问我遇到了什么困难？武老师的话让我有种难以描述的感觉，我当时在那种困顿里面，以为放弃是我最想要的。我就打算跟团队摊牌说，这个事情我做不了，仿佛对方一接受，我就可以万事大吉了。

但是，武老师根本就不接我的招。就像是我打一拳过去，发现是空的，但是他却在另外的地方托起了我，那种称为冲破黑暗的力量就在那一刻，瞬间灌注进我的心里。到现在我想起那个瞬间，都感到非常有力量。一个人正深刻地看见你的需要，你感到害怕，想逃，但是你又想突破这个困难，抵达这一程的终点。武老师果然是高手，他很清楚我内心并不是真的要放弃，而是遇到了困难，做不下去了。他会单刀直入点出我的问题在哪里，也让我最终决定不再胡思乱想，好好撰写内容。

一场谈话下来，那种大脑空空的感觉消失了，想法也多了起来。后面就有了你们现在看到的这本书。

用我个人的这个例子来引入今天我想要说的内容，即高期待与攻击性之间的密切关联。

高期待的背后，是恐惧自己不完美

力求完美必然会带来更高的压力。武老师最初建议我创造这个内容的时候，我瞬间就被一种强大的期待笼罩着，我非常担心自己达不到这样的期待。回想起来，当初的恐惧只是我自己的幻想，因为武老师自始至终也没有要让所有人都满意。相反，武老师希望我按照自己的想法来做，如果时间不够，可以多一些时间。

很多时候，我们的无意识幻想只是一个幻想，他人也许对我们并没有过高的要求，往往是我们恐惧于自己的不完美陷入高期待的焦虑当中。期待越高，压力也就越大，产生的焦虑让人很想逃避。但是哪里逃得了？这种感觉就像被捆绑了一样，动弹不了。内心有一种深深的羞耻感，脑海里会各种脑补，甚至感觉喘不上气来，诚惶诚恐。力求完美，让我们把精力和气力都来应付这些感觉和冲突。

有一种高期待，叫作你不要拒绝我

朋友给我分享了这样一个例子。她的编辑朋友临时约一篇稿件，虽说只有几百字，要得却很急。编辑朋友说她一定不会让大家失望。朋友听后觉得有点不对劲，又不好意思推却，她内心觉得时间这么急，自己写不出来那么好的稿件，但是自己又无法拒绝。悲催的事情发生了，就在她关计算机的那一刻，鬼使神差地把水杯打翻，水洒在了键盘上。这个结果不说大家也知道了。

朋友和我说起这件事，她说感觉好像肚子里有一股火儿，没法往外发泄，被别人过高地期待，又难以拒绝，最终在无意识层面使用破坏性的拒绝。就像最后那一杯无法解释的被打翻的水。

我们的无意识总是那么有智慧，它最清楚你心里的真实想法是什么。

你不要拒绝我与我会答应你是彼此呼应、堪称完美的一对，也是拯救与无助这对心理需要的经典结合。从这个例子中，我们可以看到，如果你不了解自己在关系中的模式，很有可能因为惯性做出一些破坏性举动。这对人对己都是不利的。

上面说到的这个例子，当我们知道自己有这种难以拒绝他人的困难时，是可以为自己做点什么的。比如，第一时间确认自己的需要，然后用一些策略把自己这部分的困难说出来。

我问这位朋友下次再遇到类似的情况，你还会打翻水杯吗？她苦笑着说，我会直接说抱歉，不然我又忍不住自毁计算机了。这种回复的方式还挺幽默，我们在日常生活中也可以这样难以拒绝的对方说："我现在不能答应你，因为我答应你，我很难放过自己。"这种略显搞笑的回应，其实也是用一种轻松的方式来拒绝我们不想做的事情。

我们在前面说到，拒绝别人的前提是你要先诚实地面对自己，不再自我期待成为那个"你有求，我必应"的完美好人。也许对你来说很难做到，但是有了这样的思考，你就可以开始尝试着给出不同的答案。

高期待阻力，妨碍我们的创造力

生活中，我们会遇到很多高期待的事情。比如，有些父母要求孩子成绩要好，不止班级第一，年级第一，甚至全校、全市、全省第一，总之要保持名列前茅。最初，孩子受到父母的鼓励会不断争取更好的成绩。因为这样做是获益的，怎么理解呢？在孩子的心智中，自己取得更好的成绩，父母就会高兴、夸奖自己，这也是自尊被肯定的需要。

肯定，对于儿童青少年来说是身心发展中非常重要的一部分，也是培养健全人格的重要基础。如果这些肯定更多是对孩子的生命力本身，比如"你很勇敢，爸爸妈妈为你骄傲"，或是"你有自己的想法，我们为你高兴"，对于孩子健全人格的养成是非常正面的。

当父母的肯定总是聚焦于学习成绩，往往在孩子的心智层面被理解为"学习成绩好，父母才会喜欢我"，这类肯定带来的实际上是一种假性自尊，换句话说就是一种有条件的肯定。孩子如果某次学习成绩不如预期，便会非常沮丧，担心父母对自己肯定的目光黯淡了。

这种假性自尊会伴随个体进入成年期，直至在工作、家庭，甚至有了自己的孩子之后，个体依旧会努力获得父母或他人的肯定。一旦没有获得他人的肯定，很容易就陷入抑郁状态之中，觉得生活没有意义。我在咨询中，曾经遇到很多这类在童年时为了保持父母眼中赞赏的目光，成年后陷入抑郁状态的个案。

咱们再说回我自己的例子。当我把别人对我的肯定变成一个要让所有人都满意的任务时，便开始厌恶这件事，于是使出各种方式拖延和回避这个事情。当我获得支持的时候，在现实层面确认了对于这件任务的无意识幻想，现实并没有如此严苛，周围人也没有对我有那么高的期待。至少，武老师的态度让我一直心存感激，他说跟随我自己的想法、跟随自己的内在节奏，这是莫大的赞赏和信任。不得不说，我被疗愈了。第二天，当我清晨醒来，神奇的事情发生了。脑海中浮现出电视剧《射雕英雄传》的片段，一下子灵感就来了，只用了一天的时间这本书的大纲就成形了，速度之快，让我难以置信。团队反馈，这一版终于有了我自己的风格，有自己的灵魂在其中了。

被接纳的环境，创造力发展得更好

严苛的评价、过高的期待，常常使孩子陷入恐惧的黑暗中，他们会怀疑是不是自己做得不够好、是不是自己不值得被爱，这种想法往往会限制他们的创造性活动，即便有一些创造，也会怀疑不会被别人肯定、欣赏。当然，这里我说的并不是对孩子不要有什么期待，而是不要有过高的期待，或者说不符合孩子发展的期待。从发展的角度来说，适度的期待会带给孩子一些方向感和确定感。但是不符合孩子发展的过高期待，对孩子的成长实际是一种破坏性的力量。

我们需要看见孩子，他作为一个人本身存在于这个世界，可以有自己的想法、意志和情感；也需要看见我们自己，曾经的我们是怎样在高期待中慢慢长大，是如何浸泡在焦虑的空间，以及是如何让自己一点一点失去创造力的。只要你愿意觉察自己、愿意成长，你的内在就会变得越来越具有力量，我相信改变在任何时候都不晚。这里，我也想和你分享三点看法。

第一个，觉知自己的关系模式。如果你总是对他人抱有高期待，亲密关系可能会受到一些影响，对方在无意识层面总想试图离开你，你可以尝试着降低一些期待，给他人在彼此关系中留有空间。相反，如果你总是受到别人的高期待，但自己并不想满足这个期待，要学着明确自己的边界，尝试说出拒绝。对于备受高期待压力的人来说，这点并不容易做到，但是迈出第一步，正是改变的开始。

第二个，学习新的平衡。很多备受高期待压力的人，本身倾向于完美主义，对自己的要求严苛。当你被压得喘不过气来时，尝试着接受自己的不完美，这也是一种人生的平衡。当你逐渐掌握这种平衡，对自身、对他人的要求也会适度，彼此的关系会变得柔软，更有弹性。

第三个，练习冥想、行走、绘画，也可以是帮助自己缓解焦虑的方式。如果你感觉自己没有特别的喜好，那么从此刻开始找到一个你有意愿投入其中的活动。我知道有一个女孩，通过剪纸来缓解和释放焦虑，这让她很有成就感，也很放松。我相信，不管使用哪种方式，只要你开始有了自己的那一个部分，你都将获得不同的力量。当你有力量灌注进自己的心里，焦虑会不同程度地得到缓解。

本节要点：

力求完美必然会带来更大的压力，我们在无意识幻想中，常常深陷恐惧于自身不完美的焦虑。

拒绝别人的前提是你要先诚实地面对自己，不再自我期待成为那个"你有求，我必应"的完美好人。

肯定，对于儿童青少年来说是身心发展中非常重要的一部分，也是培养健全人格的重要基础。但如果是有条件的肯定，孩子会发展出假性自尊。

我们需要看见孩子，他作为一个人本身存在于这个世界，可以有自己的想法、意志和情感；也需要看见我们自己，我们是如何一点一点失去创造力的。

互动：低自尊的分离焦虑，如何走出来

写到这里，这本书的内容竟然已经过半了。最初计划撰写这本书的时候，总觉得遥遥无期，回头去看，又觉得时间过得很快。我们对于时间的感觉和情绪是紧密相连的，当我们感到焦虑的时候，时间也变慢了，让人进退不得。而当我们感到心情舒畅的时候，时间也像飞舞的精灵，自在地奔跑，欢快地

起舞。

又来到第三部分的复盘时刻。我注意到许多留言，有不少听友在经历了前面两部分内容的表达和连接之后，开始转向内在，进行更加深入的思考。在此为你们高兴。表达攻击性本身并没有那么可怕，可怕的是，你一直藏着它。它会发酵，会一直拖拽着你。

这个攻击性内容可以唤起大家心中的各种激荡，说明你们也勇敢地投入这攻击性的大河里，洋洋洒洒地沉浸其中。我相信，这将会是非同凡响的体验。你会找到命运给你准备的礼物。

焦虑与攻击性这一章节，引发了不少人的共鸣。

有一位读者这样说道："看到焦灼的婴儿和缺位的父母，便看到自己抑郁的原因了。对于儿时的记忆，是每做错一件小事，别人都还没有批评，我就会找个地方大哭，一直期待着有人来看看我，来问问我，来哄哄我。可是没有。大家的看法就是'别理她，她哭够了就不哭了'。关于抑郁，虽然也有找老师来协助，但是心底一直有个声音：要靠自己。所以，和老师的接触我会有意识地控制，担心会对老师形成依赖，这种想法合适吗？"

回应：

谢谢你的信任，我听到了你的想要依恋的渴望，以及对于依恋的恐惧。

我想，可能有很多朋友都有和你一样的困惑。我想对你的反应做一些理解性的反馈。

你儿时的经历已经告诉了你，最亲近的人都不会来关心你，你的心底对他们有绝望的部分，你觉得他们靠不住，只能靠自己。靠自己有两种：一种是带着父母的爱，把他们对你的关照真正内化成了自己的一部分，这样的自己是结实和强大的；还有一种是没得依靠，只能靠自己。这种靠自己，外在也会显出强大的样子，但是这个强大的背后，有很多空虚和脆弱。你说的要靠自己，我比较倾向于是后者。

但是你并没有完全绝望，因为你还在找老师帮助自己。但是以前的经历会让你害怕，你曾经很信任父母，以为他们会来安抚你，但是他们却没有。你也会认为，你找的这个老师，也会像父母那样对你置之不理。所以，你有意识地控制自己的需求，是在保护自己，当然，也是为了避免深度信任一个关系。对你来说，信任与依赖，还有被忽略是连在一起的。一个启动，其他都开始联动。这样会在心理层面激活很多恐惧的情绪。

这样的理解可以帮助你搞明白为什么自己会这样。这样做没有对和错，其背后有很多需要被理解的创痛。

同时，我想建议你，想要获得成长的最好方式是，带着这个恐惧去尝试。

过去的经历影响了你对这个世界的看法，但那个是过去。我们要避免不停地用过去的经历来应对当下的关系，因为那是一种重复过去的方式，看起来就像是活在过去。简单强迫性重复没有意义。有意义的部分是，从这个重复里面去拿到钥匙，在这里打开自己内心的大门，去看看回到这里的真正意图是什么、你真正想要救赎的是什么。

了解到这些，我们就有机会看到，内心那个又渴望又受伤的自己，我们的看见就是在陪伴自己，我们把爱和慈悲带向自己。这样自己就会慢慢感到安全。

渐渐地，自己就有力量从过去来到现在。即便现在仍然有恐惧，但也可以带着这个恐惧，去尝试和感受现在的关系里对方的样子。也许还是会愤怒、会挫败，但是也会和以往很不同。

只有自己的感受和经验发生了变化，认知才会发生新的改变。这也是我们在前面提到的，幻想与现实的边界就是在现实里不断确认。

我的督导师Arlen，曾经跟我说："你要跟你的来访者重复说很多遍，可能在第17遍，他才会相信这是真的。"这句话，我牢记在心。我们需要很多的现实反馈，才能够改变一点点内在那顽固的认知。

我们很多人都活在过去的痛苦里，那些体验到的焦虑，既是现在的，也是过去的。我们回到过去的体验里，绝不仅仅是为了重复，而是要在这个重复里，获取新的经验、新的成长，生发出新的变化和可能。这即重复的价值。

另一个关于焦虑的问题。

低自尊的分离焦虑，怎么走出来？

一位读者说，她在微信里和朋友吐槽工作，也问候朋友的近况。但是不被回应，她感到很恐惧，认为这下子完了，她的朋友一定是讨厌她了，会不会是因为她老抱怨，就很烦她？但是她也不敢打扰别人，她觉得自己丢失了朋友，很难过。这种低自尊的分离焦虑，很难受，她不知道怎么走出来？

我来回应这位朋友。先要清晰的是，这是你的幻想还是现实？我们现在需要确认这个幻想的真实性。你的朋友没有回，可能有很多种原因，可能她正好在忙，也可能因为别的原因。你说的也有可能，但也只是其中一种。你需要去确认才知道。你被你的幻想吓到了，一环接一环，越想越可怕，越可怕，越觉得这就是真的。

确认现实边界有一个好处，就是找到你的现实感。如果你确定了她只是忘了没有回，你的分离焦虑自然就会下降。如果她直接告诉你："你就是很烦。"你最起码，也明白了，以后这样的方式，不适合在这位朋友这里表达。

　　这并不代表你就一定会失去一个朋友。在我的经验里，只要是能够说出来，朋友间的关系其实就会有一个变化，哪怕这个变化不是自己想要的，也好过一直僵在那个幻想里出不来。

　　一般来说低自尊，还是要回到你的源头去处理。我想你的经历里，可能是被无数次抛弃，才会这样地认为自己不值得。你的内心没有内化进父母尊重你、赞赏你的样子，那你也就很难欣赏自己，也难以学会照顾自己。在关系里就会表现出讨好和牺牲的反应模式，通过满足他人来迂回地得到照顾。

　　通常，如果很多事情有一些正反馈，将能够提升一个人的自尊感。

　　我们可以从现在起，直接为自己做一些关照之事，试着去打破一点点不同。

　　从一些小的事情做起，比如，如果你自己能够处理一些困难的工作，那么你同样可以为自己点赞；如果你有了一些小小的进步和变化，也要及时为自己的成长而高兴。遇上自己喜欢的东西，若支付得起，可以果断买下，让自己值得拥有美好的东西。

　　同样，还可以在关系里，请别人多夸夸自己，多去直接要求一些正反馈，当这些渐渐多了的时候，对自己的感受会越来越朝着一些更好的方向发展。

　　我们来看看最后一个问题。

对权威的愤怒，会迁移到工作中，引发危机。

有一位读者朋友，提到了关于工作上的困惑。

他说："我的工作是大家长式，领导希望了解每个员工的工作和生活中的大小事情，否则，他就觉得你离心离德。但是，我是个不愿意被束缚的人，特别不喜欢这种被管理的方式，所以，我和领导之间一直有一种对立感。有时候如果我服从这种方式，我心里就会淤积情绪，以至于情绪带入工作中，以示一种反抗，但这样很容易产生误会。我现在很想化解我心中的这个情绪，更想解开因为我而制造出来的误会，让相处不那么别扭。"

我来回应这位朋友。攻击性表达不出来，就会以一种压抑的方式累积，逐渐淤堵，堵不住了，就会以扭曲的方式表达出来，伤人伤己。

你有一个特别好的觉知。你知道这些事情是怎么发生的，而且你有想要修复的愿望。

我们来看看最愤怒的地方，你最难忍受的不是领导这个人本身，而是对领导所代表的控制你的人的愤怒。这样的领导，没有边界感，可能还会惩罚你，骂你离心离德。

试想，如果你离开这个单位，你可能对这个领导没多大愤怒了，无非是他在这个位置上，给了你很多束缚。需要处理的是对这个权威的愤怒。如果你的领导不是一个让你能够安全表达的人，那么这个反馈有可能是会让你很不安的。这要看你的感觉，他是不是这样的人。

如果是，那么我建议你先找其他的渠道表达你潜藏已久的愤怒，这样当你做事情的时候，愤怒和攻击就会少一点。和朋友谈一谈，去拳击，去运动，看电影，打游戏，这些都能够缓解愤怒。

在我的视角里，这个愤怒跟原生家庭对权威的愤怒有极大关联。如果你明白你的领导只是在某个阶段扮演了你过去生活中的某个角色，也许你会更容易从这里面跳出来。

你是对过去的那个权威很生气，当然，也对现在的权威很生气。他们搅在一起，不容易分开。有一点要清晰的是，你现在的领导，他不是你的父母，职场上的权力规则，可以帮助我们更好地认同自己的职业角色。

伤害关系的另一个部分，是关于敌意。你对领导的愤怒，会使得你跟他讲话的时候，也携带敌意。你的领导也会感觉得到，自然也会防御。这样你的沟通效果就会打折扣。

这些敌意处理起来是不容易的。如果以上建议中的方式你都难以去做。那么，我建议你去找个靠谱的心理师谈一谈。那可能不是方法层面的问题，而是模式层面的问题。

不管怎样，直面心中的愤怒体验，将会帮助我们减少现实层面的破坏性行动。这需要我们更多关照内在的情绪，去连接内心那个藏在愤怒背后的无助的自己、渴望自由的自己。当那个部分的脆弱有人去理解、去陪伴、去尊重，愤怒的情绪的部分也会慢慢缓下来，这时候将会有更多空间，直接跟领导在现实层面友好相处。

第五部分　攻击性与主动攻击
主动攻击与边界

金庸先生在《射雕英雄传》中描写了两个极具攻击性的角色——东邪黄药师和西毒欧阳锋，听两个人的名字就能感觉出来"不好惹"，他们声名在外，绝非江湖传言，浪得虚名。可能很多人也会有这样的幻想，要是我"不好惹"，那些想惹我的人，动手之前，还是要思量一番的。说白了，就是人要有自我力量，就像站在枝头的鸟儿，当树枝摇晃的时候，靠自己的翅膀飞翔，找回重新站立的力量。

我会从主动攻击和被动攻击两个维度，谈一谈生活中常见的攻击性表达。需要说明的是，每个人看待问题的角度不同，所以主动攻击和被动攻击是一个相对的概念，二者又紧密地联系在一起。比如，被父母侵入边界的孩子，成年后很可能用同样的方式侵入自己孩子的边界，他们并非刻意重复父母对自己的养育方式，且对自己的行为是无意识、无觉知的，也不知道这样会伤害到孩子。

一、越界：无视他人边界

越界是对独立个体的剥夺

有个女孩和我讲起她的故事，她说，从小到大，自己的房间是不能锁上的。小时候，她觉得挺正常，随着渐渐长大，她渴望有自己的空间，她把门锁上，但是会被父母撬开，把抽屉锁上，还是会被撬开。

有些父母翻看完孩子的物品，会再原样放好，至少做出没有翻看的样子。但这个女孩的父母，每次翻动孩子的物品，还会把东西放在显眼的位置，那把被撬开的锁就明晃晃地挂在撬开的锁扣上。父母摆明了就是在说："女儿不能拥有私人空间，你的就是我的，你的一切都要听我的，没有你我之分，所以撬开房门和抽屉是理所当然、理直气壮的。你是我生的，我养的，你得准备好随时被我检阅。"但有意思的是，孩子是没有权力随便翻动父母房间的物品的，父母房间的门经常是锁着的。但这一切是不能被挑战的。

记得，女孩当时和我讲这些的时候，才不到二十岁的年纪，却有着三十岁人的心智。童年时女孩便不得不面对父母反复的越界，她的绝望很彻底、坚决，最终选择了远离父母，想跑得远远的，而父母想方设法把她留在身边。说起这些，女孩一点也不后悔，因为在那样的家中感觉自己一点生机都没有。

疏离感在亲密关系中，是一个很大的打击，尤其是对于亲子关系。女孩并非故意报复父母，而是亲近带来的剥夺感会再度袭来，吞噬自己，离开家庭是她保护自己的方式。如果父母希望孩子能与自己亲密，希望孩子成年后有健康的亲密关系，就要时时觉察自己对待孩子的方式，减少过度越界。

远离家庭后，女孩的变化速度非常快，她很少纠结，一旦事情的逻辑清楚，很快便能行动起来。有次，她和我谈论未来的职业方向，下次再见面的时候，她已经一路从三线城市，打拼到一线城市，收入翻了好几倍。她相信，力量在自己那里。没有了那么多不切实际的幻想之后，她反倒活出了自己的样子。

最初听到这个故事的时候，感觉很绝望。女孩的父母做得这么决绝、干脆、利落，丝毫不容置疑。她的父母不会认为这样做有什么不妥，但是对于孩子来说，这是赤裸裸的剥夺。

只有奴隶才会任由主人剥夺，父母不是奴隶主，孩子也不是奴隶。用这种极不尊重孩子的方式对待孩子，当然会影响到亲子关系的发展，更会影响孩子的身心发展。这个故事中的女孩在自己能离开家之后走得如此决绝，跟父母对待她的方式有直接关联。

在孩子年幼分房间睡时，房门不上锁，是为了应对孩子被照顾的需要。但孩子渐渐长大，有自己的独立空间，房间就变成一个非常重要的成长环境了。随着孩子渐渐长大，他们有了自己的主张和想法，尤其是进入青春期的孩子。很多父母难以接受孩子的变化，还当孩子是过去那个小孩，但是孩子已经长大了。

在一个开明的家庭里，父母通常容易意识到这些对孩子的影响，也会发展出更多尊重、自由的家庭氛围。而在一个封闭的家庭里，权力会成为父母管控孩子的工具。

在临床咨询里，来寻求帮助的家庭，几乎都有越界的问题。尤其是青春期孩子，大家所知的各种叛逆、厌学、游戏上瘾，只要了解一些亲子互动方式，基本是这类情况。孩子在用自己的方式想要对这个越界说"不"，想要拿回自己的主权。这是一场权力的较量，是控制和反控制的较量。

解决这类问题的核心思路，就是父母要意识到亲子关系中的边界，并退回到孩子的边界以外，用对待独立个体的方式去尊重孩子的空间、隐私和需要。

过度保护是变相的关系越界

亲子关系中最常见的关系——越界，就是过度保护，即一切包办。比如，父母经常对孩子说，你只管好好学习，其他的事情我来做。这种包办一切的养育方式，使孩子错失了学习基本生存常识的机会。孩子的成长，需要很多练习，需要犯错，才能学会如何照顾自己。

有网友曾经给我留言，她说自己三十多岁的时候，不得不学习怎么做饭、怎么洗衣服、怎样做家务，这让她很崩溃，觉得自己连这些小事都做不好。这些经历严重打击了她的自信心，她甚至觉得自己离开父母就活不下去。

父母想要把孩子照顾得无微不至，这是父母的一片爱子之心，却没想到孩子成年后要受这样的苦。很多父母不清楚，也不明白，自己的过度保护反而伤害了孩子在成长过程中的主动性。我们经常说对孩子的最好保护是让他自己经历、成长，孩子成长过程中不仅仅需要呵护陪伴，也需要给予机会去锻炼，孩子会从中找到自己的成长力量，拥有自己的成长节奏。这个时候，父母需要做的是管好自己，少一些干涉、少一些包办，成为孩子永远的大后方，给予支持和理解。

相比起前面那种父母，这种包办型父母更容易看到亲子关系中的问题，因为他们心底里是想要保护孩子、爱孩子。如果他们知道一种可以帮助到孩子的方式，就很有机会去做出调整。但比较极端的包办父母，眼中是没有孩子的，更多是自己的父母意志，这个改变起来阻力会更大。

亲子关系中的越界普遍而隐秘，这也是为什么我们一谈到越界，往往总要谈到原生家庭的养育方式。随着孩子的成长，父母的养育模式会复制到他们生活和工作的方方面面。比如，恋爱的时候总是替情侣做出决定，职场中武断专横的领导。这些关系让人很抓狂，个体的界限没有守住，总是被他人闯入，这个事情搁在谁的身上都不会舒服。

有网友对我说，自己的领导经常是想起一出是一出，随时布置任务，根本不考虑员工的时间。员工晚上加班，第二天稍微晚到一会儿就会被训斥，感觉自己就像机器一样。最后，这位网友实在受不了了，她的领导好像才反应过来，员工也需要休息，也需要有自己的时间。

越界者幻想拥有无上权力

武志红老师曾经精辟地总结社交关系中的权力规则和亲密关系的珍惜原则。他认为，在工作关系为主的社交领域，人们会遵从权力规则，也就是说谁的领导权力大，最后的决定权在谁的手里；在亲密关系中，人们会遵从珍惜原则，也就是说尊重彼此的本真。前者是"我与他"的关系，后者则是"我与你"的关系。

我非常认同武老师的这种观点。在亲密关系中，父母过度地使用了社交关系中的权力规则，孩子不顺从，就会用各种方式让孩子服从。这种方式显然会破坏亲密关系，同时也是对关系中另一方的攻击。在养育过程中，孩子会感到混乱，无法分辨何时该运用权力规则，何时又该遵从与珍惜原则。

前面，我列举了职场中被领导侵入边界的例子。那位网友在成长过程中也被父母用权力规则对待过，导致了她分不清社交关系与亲密关系的区别，面对权力规则时表现出毫无边界的忍让，最后让自己近乎崩溃。由此可知，无论在社交关系，还是亲密关系中，我们都需要遵从基本的边界，也就是作为个体的边界。

这里，我也分享几点我的建议。

第一，如果你身边的人总是表现出各种越界行为，不管他们打着怎样"为你好"的旗号。都要问一问自己，是否需要这样的关心、帮助，又或者说是剥夺。如果你的答案是否定的，你要有勇气坚持自己的声音。

第二，如果你自己总是习惯性地越界，无微不至帮助孩子处理各种事情。我建议你从长远角度来看，重新思考，你对他这样帮助的价值，这种方式是正在帮助他积累力量，还是削弱了他的力量。

第三，如果父母总是侵入你的边界，我给你的第三个建议就是看见并尊重这眼前的现实，调整自己对父母的基本预期。事实上，如果你真的能够改变父母，他们早就改变了。既然无法改变，抱有一个开放的心态是必要的，如果父母能够有所改善，当然再好不过。如果一直如此也不要卡死在这一条路上，自己的人生终究要由自己掌控。

第四，无论是在生活中，还是职场中，面对试图剥夺你的人，明确你的底线，然后找到合适的方式，坚守自己的底线。被剥夺其实是放弃了自己的权力。你需要把那条界限清晰地画出来，明确地让对方知道。

最后，可以选择离开。老话说"惹不起，还躲不起吗"，对于超出自己能力范围的情况，你可以选择离开。离开也是让自己重新思考，这段关系或工作对你的价值和影响。每个人情况不一样，要结合自己的实际情况来决定。

本节要点：

每个人看待问题的角度不同，所以主动攻击和被动攻击是一个相对的概念，二者却又紧密地联系在一起。

越界是对独立个体的剥夺，这种剥夺没有把对方当作独立的人来看待。

亲子关系中的越界普遍而隐秘，随着孩子的成长，父母的养育模式会复制到他们生活和工作的方方面面。

父母需要做的是管好自己，少一些干涉、少一些包办，成为孩子永远的大后方，给予支持和理解。

面对父母的越界，相信力量在自己那里，要有勇气坚信自己的声音；也要放弃对父母及他人不切实际的幻想，方能活出自己的样子。

二、暴力：破坏性情绪表达

说到暴力，我心情有点沉重。在我们的身边有太多暴力存在，小到一个孩子踩死一只蚂蚁，大到国家之间的战争。自古以来，暴力从未消失过。也许，它永远也不会消失。

攻击性引发的暴力

这里需要注意暴力和使用武力并不是一个概念，虽然它们都表现出攻击性，但是动机却各不相同。暴力会使用武力，但却是一种不平等的、带有强迫性的力量，而武力只是一种方式，不存在强烈的感情色彩，也不存在平等与不平等。

人们使用暴力，一方需要服从另一方，这种服从不带商量的余地，甚至不存在情感。暴力会摧毁对方的意志，让对方感到恐惧，从而被迫屈服，使用暴力的一方会获得优越感、征服感。

施暴者除了使用武力，还会使用言语暴力，这在我们身边非常普遍。无论施暴者使用的是武力，还是言语暴力，目的都是羞辱一个人的人格，打击其自尊，这种羞辱感会激起人们更多的暴力行为。很多心理学研究都发现，容易对他人实施暴力的人，幼年时常常有被虐待的经历。这些人的童年经历通常非常糟糕，家庭氛围压抑，父母之间往往暴力相向，关系紧张。当父母自顾不暇的时候，往往也会忽视孩子的养育。

有位女士经历了这样的事情。在她小时候，有一次姐姐生病，但是拒绝喝药，父亲劝说无效后直接暴打自己的姐姐。虽然事隔多年，但她讲起这些的时候，眼中仍是惊恐和止不住的泪水。她说她很想冲过去救姐姐。但是她没有，她吓得僵在那里。

那时年幼的她很难理解父亲为什么要用这样的方式对待姐姐，印象中从那时开始，她变得格外乖巧，也就是讨好，她很害怕父亲一不高兴，拳头的暴风骤雨就来了。

见证一个创伤比亲历创伤可能更加恐惧。这位女士心里最本能的想法就是："我不能像姐姐一样，否则，我会被打死。"她小心翼翼，唯恐惹怒了父亲，也从来不敢暴露自己任性的一面。

　　她步入婚姻后，也习惯于顺从丈夫，以及公公婆婆。婚姻生活看起来很和谐，直到孩子出生后，她对孩子的哭闹完全无法忍受，曾经几次殴打孩子。这位女士说，自己心情极度暴躁的时候，殴打孩子根本没有感觉，但是随后强烈的内疚感又让自己非常痛苦。

　　打孩子时的麻木感觉，分明是一种防御状态，她的内心已经到了崩溃的边缘，或者说已经崩溃了。所以她自然顾及不到身边的人，哪怕是自己的孩子。

　　这些暴力的背后是童年期可怕的创伤，很多施加暴力的父母并没有意识到自身的做法对孩子来说意味着什么，更不会去为这个伤害去做点什么。长此以往，这种充满暴力的养育方式也会被自己的孩子学习到，在他们长大成人有了孩子之后，可能还会继续使用暴力。

　　古语说"棍棒底下出孝子"，但是打出了一代代无数外表彪悍、内心残缺的孩子，很多人在棍棒下长大，逐渐认同棍棒养育，像上一代的执棒者一样具有攻击性。心理学上有一种防御，称为向攻击者认同，讲的就是当一个人感到恐惧的时候会选择向强者认同，自己就会获得暂时的安全。

　　说起来，这些都是深深的恐惧，施暴者在一个强权位置上，似乎拥有对他人的生杀大权。这着实令人恐惧。理解这些生死攸关的恐惧，可以帮助我们看清这些暴力幻想以及暴力现实。

暴力与压抑的关联

生活中，我们会发现有些人平时对外人温和有礼，但是在家庭当中却会有施暴行为。事实上，这种表面温和的背后，可能积聚了很多愤怒、恐惧、哀伤的情绪。因为这些情绪无法表达，一直被压抑，最终攻击性会像火山爆发一样变成破坏性的暴力表达。

非常多的研究发现，暴力行为与模仿有关。前面我们说养育环境中父母之间的暴力行为会潜移默化地影响孩子。有次，我带女儿在小区花园玩耍，一个小男孩突然冲过来，差一点打在女儿的头上，我手疾眼快制止了他的行为。我问他为什么要这样做，小男孩说自己不会真的打，只是想看下对方的反应，如果真的要打，就会重重地打，打到出血。听完我脊背发凉，问小男孩："你爸爸是做什么工作的？"他一脸骄傲地说："我爸爸是拍电影的武术指导。"

生活中，父母的很多言行会潜移默化地影响孩子，父母的暴力行为也会传递给孩子。一个小孩子怎么知道打人就要打出血？我们常说孩子出生后是一张白纸，而画出什么样的色彩，很多时候是父母养育的结果。小男孩的举止完全没有边界感，认为这个世界的一切都像是为他而存在，甚至想用拳头试验一下他人的反应，实在是荒唐。成年之后，如果他依然缺乏边界感，社会会给他上最现实的一课，到那时候付出的代价远比现在更大。

施受虐痛苦的连接

我们在生活中还会看到很多亲密关系中充满着暴力，但是双方却长久相伴，其中上演的是施虐与受虐的戏码。我在咨询时听到过不少来访者的原生家庭状况是父亲常年对母亲施暴，但是他们一直没有离婚。

从精神分析的角度来说，这是一种施虐与受虐的关系。施暴者用拳头击碎受虐者的自尊、意志，而受虐者在如此糟糕的关系中，寻求的是关系的存在。如果离婚，婚姻关系丧失，意味着自己也不存在了。相比起被抛弃，自尊和自我意志又算得了什么呢？对于受虐者来说，丧失了存在感，意味着丧失了一切。施暴者则在这个关系中获得了无上的权力和快感，他们通过暴力行为迫使对方屈服。

亲密关系中最常见的暴力行为，就是冷暴力。如果关系中双方毫无沟通，彼此冷眼相待，或是一方对于另一方明显冷淡，这种感觉非常令人抓狂。冷暴力对亲密关系的伤害往往比暴力行为更具有隐蔽性，那种冰冷的感觉，直接把彼此的关系切断了，双方或是其中一方犹如置身于冰冷绝望的深渊，这是一种惩罚。

如果关系中的某一方无法忍受这种冷淡，便会以讨好对方的方式缓和关系，这种方式往往会导致讨好一方更多的自尊被贬低，其内心中的积怨会在下一次大爆发。家庭中父母之间的这种冷暴力如同暴力行为一样，影响孩子成年后在亲密关系中的行为模式。

我有个朋友，小时候总是被母亲冷暴力对待，母女之间发生冲突，母亲常常一个月不理她。成年后，她在亲密关系中也用同样的方式不理她的伴侣。幸好，这位朋友遇到的男生都是暖男型，结婚后丈夫在她生气的时候，照样该沟通沟通，该干什么干什么，她要是喊一声丈夫，她的丈夫也是正常回应，不像自己的母亲当年只要自己主动和好，就各种尖酸挖苦她。

就这样，朋友觉得自己担心的会被伴侣攻击的场景并没有真的发生，心中的恐惧渐渐少了一些，也逐渐回到了一个基本正常的状态上。对待伴侣的方式也慢慢发生了改变，冷暴力的时间也由原来的长达几周，缩短到一周，甚至到现在只是片刻的事，已称不上冷暴力，顶多算是有个情绪。

生活中，遇到情绪稳定且又有情感能力的另一半，成长是会加速的，对方给到的不带攻击性的依托和反馈是非常好的容器，对于创伤的修复来讲，是非常好的资源。

施虐与受虐的位置并未固定。施虐者在关系中同时也是受虐者，由于童年期依恋关系受损断裂，成年后的亲密关系中总是上演着爱与恨交织的矛盾情感、生与死的强烈体验、依恋与控制的痛苦组合、上瘾式的强迫性重复。

我在咨询中也观察到许多施暴者，他们内心对于控制不住的施暴行为也会感到痛苦、内疚。这一类施暴者可以通过心理成长，转化内在的施暴冲动，从而慢慢获得一种良好的人际关系。

但有另一类施暴者，他们对于暴力行为既不会内疚，也不会感到痛苦，这在临床中被称为反社会型人格障碍，又称无情型人格障碍，这类人具有高度攻击性、缺乏羞耻感，无法从过往经历中吸取教训，行为上往往受偶然动机驱使，常常表现出社会适应不良。由于这类人具有极大的危险性，自我保护的一个重要原则就是遇到这类人不要纠缠，尽快远离。

如何应对关系中的暴力，我有以下五点建议。

第一，对关系保持觉察。看一看自己，在关系中是有暴力倾向的人吗？又或者是那个被暴力对待的人吗？如果答案是肯定的，那么尝试着回顾自己的成长经历，更多地去理解自己，不要过于苛责自己。

第二，做一个决定，在行为层面给自己一些约束，当你已经意识到自己会使用暴力，无论施加的对象是伴侣，还是孩子，可以利用延迟法来逐步改善。所谓延迟法就是当你实施肢体暴力时，至少延迟一分钟，这样做的目的是帮助你意识到，当下正有一种无法控制的激烈情绪在淹没你。然后停留在这里，去关照一下此刻的情绪。如果你控制不住发泄，最好能够离开那个场景。比如，如果在家里的话，你可以进到另一个房间，先自己单独待一会儿。

第三，如果你是关系中被暴力对待的一方，第一件要做的事情就是不允许对方再这样对待自己。每个人的接受程度是不同的，你可以尝试着给自己设定一个底线，如果超出这个底线就需要做出反击。我们常说家暴这类暴力行为，常常只是零次和无数次，对于伤害你的人，无底线的原谅只会让自己受到更大的伤害。这个底线同样适用于职场中，任何人都没有资格以暴力手段对待他人，无论对方是合作伙伴、领导还是同事。

第四，我认为这点很重要，就是在认知层面去反思。任何关系出现了问题，并非一方的错误。就像老话说的"一个巴掌拍不响"，每个人都有自己的责任。无论是施暴者，还是被施暴者，都需要去面对自身的问题。

第五，当你努力寻求沟通、化解的方式，对方依然忽视你、冷淡你，甚至实施暴力行为时，要学习照顾好自己，尝试着离开这个关系。但是这个选择的前提是自身在不断地成长，自身内在的强大。

本节要点：

暴力和武力并不是一个概念，暴力使用武力，带有强迫性力量，武力只是一种方式，不存在强烈的感情色彩。

容易对他人实施暴力的人，幼年时常常有被虐待的经历。这些人的童年经历非常糟糕，很多家庭关系存在问题，父母之间往往暴力相向，往往忽视对孩子的养育。

施虐与受虐双方使用了一个特别的方式，发生了痛苦的连接，然而，有连接好过没有连接。许多施暴者，内心对于控制不住的施暴行为深感痛苦、内疚。

没有人有权力对你施以暴力。

三、指责：核心自我的丧失

指责是主动攻击的第三个维度。关系中，被指责的一方，往往会感到沮丧、委屈、愤怒，仿佛自己是被施与了魔法，瞬间变得很渺小、虚弱。容易把对方看得强大、权威，这种感觉出现的时候，往往意味着被指责者丧失了核心自我。

什么是核心自我？美国社会学家赫伯特·布鲁默提出的"符号互动论"认为：一个人的"自我"能力，能使个人对"自我形象"形成比较稳定的概念，也就是核心自我。个人"核心自我"的内容，决定了个体在社会中的价值观念和行为路线。

这个概念有一些拗口、复杂。简单一点来说，就是你如何看待一件事，如何看待自己、看待他人，如何看待这个世界。我们每个人对这些都会有一个基本的认识。这个概念其实类似于心理学上的人格概念。

为什么指责会削弱别人的核心自我呢？因为指责含有对对方的大量否定。而否定是能够摧毁一个人的自尊的。一个自我功能弱的人，会因为受到指责，进而怀疑自我，认为自己是很糟糕的人。

自卑与攻击性的背后

在我的微博上，有位网友分享自己的经历。他们一家人外出到海边旅行，路途颠簸，又带着年幼的孩子，大家都很疲惫。在码头等船的时候，由于人多，排队的时间很长，孩子爸爸就说："你怎么安排的行程！这都排了那么久，队伍也不挪一下。"孩子妈妈觉得很委屈，自己也很辛苦，既要带孩子，还要做各种攻略，也没有想到今天排队的人这么多。本来是两个人相互理解、支持就可以解决的事情，丈夫的话让她感觉好像自己做错了事。那一瞬间，自己本来对这个世界的一些看法好像都动摇了，自己做的一切不仅没有得到理解和尊重，还被全盘否定。这位网友说那次全家旅行之后，根本没有心情再去旅行了。

我们再来看一个例子。一位刚进入职场的网友，尽心尽力、任劳任怨地工作，还是被领导各种指责，甚至丝毫不顾及她的自尊心。她说那一刻感觉自己被羞辱了。职场新人刚入职，很多事情做得不够好，很正常。作为领导可以告诉对方哪里需要完善，如何注重细节就可以，完全没必要以指责的方式去贬低员工的自尊心。可是这位领导仿佛自己的权力不是通过能力实现的，而是通过贬低员工来实现的。

在指责型的人眼中，整个世界都是不完美的——别人也不完美、工作也不完美，几乎没有事情是完美的。对这类人而言永远有一件事可以做，那就是挑剔、指责他人。指责型的人隐含着一个无意识幻想：如果对方足够好，我的完美期待就实现了；因为你不够好，所以你要为此负责。他们最常见的口头禅就是：你怎么做成这个样子！这么简单的事情你都不会做吗？

指责型的人永远站在道德制高点上，很善用所谓的"道德和责任"，并把它们当作攻击别人的武器，就仿佛他是一个道德楷模，而其他人是道德败类。这样的人常常认为自己有权力去对他人的人生各种指点，指责他人的时候总会表现出一种颐指气使的权威感，任意用语言侵犯他人。这种指责常常带有快感和优越感，好像自己是神一样。在这种自以为是下，他们总带着理直气壮的信心和勇气打压别人。

指责与抱怨

一些指责型的人，在不允许他人犯错的同时，也不能接受自己犯错。他们在指责他人的时候，内心也会有一个指责自己的声音。事实上，指责型的人，其实也是一个让人又恨又怜的受害者。

我在咨询工作中，看到很多孩子的成长轨迹——从对世界充满好奇心，到失去信心，充满敌意。

我们来看下面的例子。

一位男士的父亲性格暴戾，对身边一切人和事都格外挑剔。这导致他从小就非常"懂事"，是别人眼中的"小大人"，总是帮忙处理各种家务来讨得父母的欢心。有一次，正在上小学的他把家门口一段坑坑洼洼的土路用碎石子铺平，便开心地跑去告诉父亲。然而，父亲却皱着眉头说："你自己看看，弄得那么难看！"自己听到父亲的这句话时心都凉了。当我听完他讲述的这件事时，也是心头一凉，仿佛被一记重拳击中了胸口，有一种疼痛破碎的感觉。

成年后他也变得像父亲一样不断指责，爱皱眉头。有一次，他和朋友散步，前面有一摊水，朋友提醒他小心，别踩到。他立马恼怒地说："你是认为我蠢吗？难道我看不到吗？"还有一次，同事刚拖了洗手间的地板，另一位同事起身去卫生间，这个拖地的同事赶紧提醒说小心地滑。这位男士听到后，露出嘲笑的神情说道："你觉得别人都傻吗？"当时，同事们听到这句话都很不舒服。我听完他的复述，也更加明白他之所以有今天的样子，是跟他的父亲有很大关联的。他多次被指责的痛苦感受，正在他身上日复一日地重复着。

在指责的炮火中长大的孩子，极其敏感。随时都在担心这个世界是不是有什么危险，只要嗅到一点，立即就像一个小刺猬一样，卷成一团，用身上的刺保护自己，也刺伤别人。他们逐渐地，也成功地，变成他们父母的样子，成了一个指责他人的人。这也是他们建立关系的方式。

但这种方式使得他们很难与他人建立深厚的友谊，因为一旦关系深入，他们与人的边界就消失了，会忍不住指责他人，与他们在一起的人多少会感到压力，担心自己被指责。

一个人是在内在世界和外在世界的不断交互中，逐渐形成对世界、对自己和对他人的看法的。但是，如果指责成了这中间的破坏性力量，会使得一些构建被摧毁。对于一些核心自我不稳定的人来说，指责，尤其是反复出现的指责，摧毁他们的核心自我实在是轻而易举。就像一棵树，如果树根不牢，狂风一来，就直接倒了。可是如果树根很稳，树干很结实，狂风来的时候也没有那么容易被摧毁。

远离不断指责你的人

一个人被指责时内心会涌起巨大的反应，很大一部分原因在于被指责者的内心也觉得自己不够好。这是一种防御机制，称为投射认同。当对方指责你不好，你在无意识层面认同了这种指责，既对自己感到愤怒，也会对指责者感到愤怒。

还有一种情况是，对方的话语中并没有指责的成分，而听话者仍然会认为对方针对自己。这是因为自己被指责之后，产生了对指责者的敌意和恐惧，因为没有消化这部分情绪，长期累积下来，会形成一个僵化的感知，即对类似说话的人，或者在这种位置上的人（比如，如果父母这样对过自己，则对权威都有类似感觉），产生一种无差别攻击性敌意。自己无法辨识，眼前的这个人跟过往伤害过他的人并不是同一个人。这经常让周围的人不愿意接近他们。

如果你是一个过于敏感的人，常常自我苛责，又或是常常认为他人有意针对自己，那么解决问题的一个关键就在于：建立一个稳定的核心自我。

可以问一问自己：是不是真的那么不好？这是一个关于自我认同的问题。很多人认为自己不够好，不值得被爱，不值得被珍惜、被重视，其核心自我是"我不够好"。

你是不好，还是好，到底是由什么决定的呢？

是别人的语言吗？别人的看法吗？别人的认知吗？每个

人说的都是关于他对于这个世界的看法，他眼中的世界的样子。你只不过是在某一个瞬间，跟他内在世界的一部分，有了一个小小的重合。但是那并不是真正的你，那是他们眼中的你。同样，你的样子在这个人眼中是这样的，在那个人眼中，又是那样的。我们没有必要长成别人眼中的样子，长成自己的样子就好。

找到自己的核心自我，需要真实地面对自己，你是独一无二的，就算不完美，你也是独特的生命，不需要其他人定义你。

当你具有自我力量的时候，他人的无端指责就不会轻易伤害到你；当你勇敢面对真实的自己，也就不会对自己、对身边人过于苛责，而是学着享受生命更加丰富的状态，换句话说，就是发展出攻击性中具有创造性的一面，而不是破坏性的一面。

最后，还是给出面对指责或是自我苛责改善的一些建议。

第一个建议，面对他人的无端指责，最重要的是不要盲目地认同对方的结论。我知道这一点并不容易做到，你需要从一点一滴的小事练习。最初还需要你有更多的觉察，一旦发现自己陷入"是我不好"的陷阱中，就要立刻提醒自己："真的是这样吗？"

第二个建议，做身体的内观。这是一个很好的可以帮助我们从当下的情境里撤离的练习。当你感觉自己被很多情绪缠绕时，觉察自己的呼吸，细心体会身体的感受变化，注意聆听身边的一些声音，提醒自己回到自身的感觉中。这种方法可以帮助你不断回到当下现实。

第三个建议，允许自身攻击性的存在。当你感觉很憋屈的时候，可以选择很多方式宣泄。说出来，写出来，画出来，必要的时候也需要怼回去。这种反馈，哪怕非常激烈，也是告诉对方你需要平等地对待。

第四个建议，就是学着对自己保有宽容，不要过度苛责自己。从现在开始，学着构建自己的核心自我，深深地理解自己曾经的苦难，慢慢试着接纳不完美的自己。

本节要点：

关系中的指责是一种破坏性力量，是在用一种伤害性方式攻击对方。

指责，是对一个人价值的否定和贬低。

指责带有非常多的挑剔。这些挑剔来源于原生家庭里，有一个挑剔自己的父母环境。

习惯性指责的人，常常陷入孤独，很难进入亲密关系，建立长久的关系。

遇到指责型的人，不认同是最有力量的方式。

互动：分清边界，从混沌的关系中主动突围

这三节讲的都是主动攻击，很多朋友写了自己关系里的困境，希望能有更多的突破。

来看一下这位读者的留言：

"黄老师您好！我是已婚人士，结婚两年来虽然没和公婆住在一起，却总被公婆打扰，他们总是不厌其烦地以爱和帮助的名义越界我和我老公的生活。因此我们也时常发生冲突，您之前的建议和方法都不适用于这段关系。

首先，这段关系很难彻底断掉；其次，有些事情表明态度后，他们既不理解也不听，比如，要二胎生男孩的问题；最后，如果说出一些保持距离或者表达不想与他们这样共处的意思之后他们还是不肯远离，并且斥责我和老公不孝。

所以，我现在一想到他们就很烦心，他们一靠近我的生活我就很紧张、很不舒服。我想这应该也是令很多已婚女士感到十分困扰的问题，请黄老师指点迷津！"

回应：

谢谢信任！

这是很多朋友都会困惑的问题。我希望我的回答能够帮助到大家。

我先来说一个例子。有一次，我的一个来访者对我很生

气，但是她却不表达。当我们谈到原因的时候，她很幽怨地说："说了有什么用，这件事情的结果又不会发生改变，你也不会有改变。"

这句话带有一种无力感和绝望感，意思就是：我无法用我的影响使得你们发生改变，所以，我不说。

这里面暗含了一个条件：我说的前提是，你要发生改变。

大家看到这个逻辑了吗？

你能改变，事情能够变成我想要的样子，我说出来，才有价值和意义。

如果你不能改变，我说出来就没有意义，没有价值。

这大概是很多人不说的重要原因之一。

在你的这个留言里，我也看到了相同的东西。比如，你说：有些事情表明态度，他们既不理解也不听；你如果说出一些保持距离或者表达不想与他们这样共处的意思之后他们还是不肯远离，并且斥责你和老公不孝。

我们一说，对方就会按照我们的需要而有改变，大家感受一下，这是不是很熟悉啊？

在本书的最开始，反复提到的关于全能自恋受挫的部分，就是这个感觉。这个感觉很真实，也非常值得尊重。但是这个感觉正在让已是成年人的我们陷入困境。这个困境的背后，是心理边界的混淆不清。

边界不清的一种表现，是退行到婴儿状态，使用婴儿方式与世界互动，失去了成年人功能。

我们有一个念想没有被满足，被困在了自恋挫败的牢笼里，非常希望世界给予积极精准的回应，这样自恋挫败的痛苦就可以被安抚到。这个时刻，我们没有了一个成年人的功能，而是变成了一个小孩子，处在一个委屈的境地，希望对方能够满足自己的要求。这是共生期最典型的心理需求。

每个人都或多或少有这样的时刻，感觉到一个小孩子的绝望与无助。心理学上，把这个称为退行时刻。但是，我们只能够把它当作一个小小的插曲，而不能当作主旋律。为什么呢？因为，只有小婴儿才有那样的肆无忌惮的权利，要求这个世界为他服务。成年人已经没有了。这是一个残酷的事实，你不再是小婴儿。

如果孩子一说，父母就能够看到、理解到，那这个世界太美妙了。成长根本不需要这么艰难，因为父母在给我们助力。但问题是，他们是否是这样的父母呢？显然不是，如果是的话，你当然就不至于这样痛苦了。

边界清晰一的做法是：回到成年人位置，以成年人的方式去互动。

边界不清的另一种表现，跟一个糟糕的父母较劲，试图把他幻化成理想父母。

幻想父母会改变，也幻想我们有那个能力让他们改变，还幻想我们发出自己的声音，他们就能够理解。幻想帮助我们缓解痛苦，也帮助我们在旋涡里缠绕。

缠绕在一起，就变成了这是我们共同的事，我说"你要改变"。当对方没有按照你说的来改变，痛苦就来了。就如，幻想父母尊重界限这件事，如果一直陷在改变幻想里，结果就是，"我很痛苦，他为什么是这个样子呢？他为什么不尊重我呢？他为什么就是看不见我呢？我很生气，我不想理他，希望他消失掉"。显然，这个方式对关系更有摧毁性。

如果你愿意睁开眼睛，去看一下，现实是什么，尝试不去改变他们。你看见的也许是，他们仍然不尊重你的界限，你会感到生气，同时你是为自己的感觉负责任的人，可以让自己生气。但是不再把力气使到让父母变成一个自己想要的人这个方向了。这样你会有更多的时间和精力建设你自己。这就是你在边界之内为自己做的事情。

边界清晰二的做法是：认清父母的样子，不去改造父母。

有帮助的方式是，你发出自己的声音，是自己的事，是为自己负责任，他们怎么回应，是他们的事，不是你能够决定的。

又比如，你的公婆要求你生二胎。你是希望改变他们，让他们不要有这个想法呢，还是你自己来面对这个想法带给你的压力，积极想一些办法？哪一个对你更容易？来看一看自己的平衡点在哪里。

我有两个朋友是这样处理这个问题的，我觉得很有力量，同时也显得非常有攻击性。一个朋友，面对公婆的二胎高压，就一句话："我不生。"

另一个朋友的态度是："要生可以，请直接在我的账号上汇入五百万。到账后，马上准备生孩子。"当然，公婆没这个钱给嘛，但是念头还是不断。最近我们聊到这个事情，她说："那是前几年，后来他们不死心又催，我就跟他们说：'可以，现在物价涨了，要想生二胎，请汇入一千万。到账后马上行动。'现在，公婆不催了。"如果我这两位朋友都陷入公婆为什么是这样的幻想里，他们是没有力气、没有空间来反应的。

我听这两位朋友分享的时候，能感觉到那种骄傲的生命力，他们很清楚自己的价值，也很清楚，这是自己的事情。这就是为自己负责任，他们很清晰地明白，在什么样的情况下，愿意做或者不愿意做这样的事情。养过孩子的人都知道，不管别人再怎么说，一旦孩子来了，是妈妈自己一口奶一口奶地喂他，而不是别人，就算父母愿意帮忙，他也不能代替你。

在这个关系里，你想改变他们的时候，他们也在想着改变你。能改变，或者幻想着改变，对方又总是配合着改变，那么这个游戏就越玩越有劲。但是你摆明你的态度、坚持你的立场，时间久了，对方自讨没趣，他们也改变不了你，这个游戏就不用再玩下去了。

要做到这一点的前提是：你得接受得了自己"够坏"。

简言之，当你拒绝的时候，不要苛责自己，觉得自己做了多么大逆不道的事情。

你就是表达了一下自己的意见，维护了自己的边界，这太正常不过了。觉得很难受，是因为力量不够强大，当你有力量维护自己的利益，他对你的影响自然就变弱了；你强大了，那些被憋着的感觉自然就会慢慢消散。

说得再直接一点，当你能够主动出击，主动说"不"，你会拿回你的力量感。

还有一点，是允许他人（父母）也可以有自己的情绪。

你拒绝了，他们不高兴，这很正常。不高兴了，会有一系列的后继反应，那就想办法应对。这是作为成年人，得承受攻击性（生命力）的后果。允许自己有情绪，也允许他人有情绪。这是以一种有空间的方式在应对冲突。

你说的那种关系很难断掉，我是这么看的。的确，我们跟父母，就算是你觉得断了，远了，还是有千丝万缕的联系的。在我的经验里，如果真的是跟父母恩断义绝，对孩子来说，并不是一件完美的事情。那种内疚、自责，甚至背叛感，同样会折磨自己。很多孩子其实想要的无非是在自由和束缚之间找一个平衡点，既不要跟他们的父母完全断裂，又不希望自己的生活被过度打扰。

对于明智型的父母，很简单，说一下就可以了；对于像狂风一样扑过来的父母，那么需要找一找，自己在哪个位置最为舒服？不带敌意地表达你的意见非常重要，而且，不要指望你说一次，他们就能退回去。你需要不断地表达，捍卫边界。

如果可以使用上另一半的资源那是最好的。在我们家，我和丈夫是有分工的。我父母那边的事情，我负责去搞定，他父母那边的，他负责搞定。我们感觉到边界受侵扰，先跟对方沟通，然后看看是哪里的问题，再去父母那边做工作。我觉得这样做的时候，至少减轻了两重敌意：对丈夫的敌意，和对公婆的敌意。这些都在明确分工之下，变得更加简单有效。

再来看下面这一个问题。

"感谢黄老师，听了您的课很受启发。我是一个从童年开始就学会隐藏自己攻击性的老好人，总是怕别人不开心，父母认为我听话又懂事。现在我的孩子正处于青春期，我意识到不能让孩子像自己小时候那样总是察言观色、忍气吞声，于是静静等待他成长，没有过分干涉。但是孩子的姥姥姥爷觉得他这样子简直令人无法容忍，因为我小时候是那么的懂事！而我又不能跟他们说：'我的懂事是因为迁就了你们！'我相信我对孩子的教育大方向没错，但夹在两代人中间很难受，有时很愤怒，你们干吗都冲着我来！请问黄老师我该向谁表达我的愤怒呢？"

回应：

对父母的愤怒，显然由来已久。在这个时候能够尽力护住孩子，已经很不容易了。

对于向谁表达愤怒这件事，通常来讲，既能考虑自己的情感需要，又考虑现实处境，在这个基础之上，找到一个安全的表达对象，无疑是最好的选择。如果正好这个对象还有心理空间，你表达的攻击性，还会被接住和转化。

可能在现实中，不那么容易。其实对父母的愤怒，孩子最想要的是直接向父母表达，但是因为表达后的结果，很多人难以接受，于是就压抑下去，或者放弃了。但这个愤怒的感受，是可以被照顾到的。

看一看，周围是否有比较安全的关系资源，如朋友、伴侣，这些都是能够表达的。同样安全的关系，还有专业的咨询关系，靠谱的咨询师经历过专业化培训，能够容纳来访者的各种攻击和情绪。

看你的描述，你的父母不是一个让你感觉到特别安全的人，因为你一直在小心翼翼地讨好他们。这意味着，背后有很深的恐惧。那需要在这个情绪有了一定的处理之后，可以有空间地跟父母表达。但也要记住，尝试之后，如果觉得，还是不行，就退回来。弹性的选择是否和父母去说，也允许自己找更多的关系资源去表达。

给大家分享一个我和朋友之间的小故事。

有一次，我的一个很好的女性朋友跟我说，感谢我愿意帮助她，但是我给她的建议让她感觉到委屈。她是我非常好的一个朋友，听她这样说，我立马反思，我的愿望是很美好的，但是可能那样的方式不合适。于是，我反馈给她："哦，我知道了，那样的方式对你没有帮助。"只是简单的一句话，我的朋友立马感觉到复苏。她觉得她表达的攻击性被我接住了，对我们之间的关系更有信心了。而我也觉得这样的表达增进了我们之间的连接，关系更加亲近了。这样的关系是会有滋养的。

在这个互动里，我对于我的那个朋友来说，是一个安全的人。她说出来，是带有诚意向这个关系敞开的，也是想要关照自己的，我也明白了跟她怎样相处，会让我们的关系更好。

第六部分　攻击性与被动攻击

一、依赖：隐藏在黏滞背后的攻击

前面，我用了三节的篇幅讲到主动攻击。从这节开始，我们来谈一谈被动攻击。我将从三个维度——依赖、拖延和疾病，来呈现这部分的内容。

在我们的日常生活中，被动攻击是十分常见的，如过度依赖。看起来依赖者没有表现出明显攻击别人的言辞和行为，但是利用自己的脆弱，紧紧黏住，完全依附另一个人，这是一种更隐蔽的攻击。

我们每个人在这个世界上生存，无论是对环境，还是他人都有着不同程度的依赖，每个人也需要这样的依赖。依赖与被依赖达到某种程度的平衡时会产生非常美妙的和谐感，一旦超越了这个限度，就变成了过度依赖。这种关系的距离让周围人有一种说不出的黏滞感。

对于直接被依赖者，一开始他也很难感知到被攻击了。时间长久之后，越来越窒息的感觉会困扰被依赖者，这种看似没有明显主动的攻击性，却正在以一种隐蔽的方式表达出来。

依赖者习惯于把自己放在一个卑微的低位上。利用自己的脆弱作为武器，以让对方愧疚为动力，使对方难以拒绝。并且依赖者常常有这样的认知和想法："我都这么弱了，你怎么忍心丢下我呢？"对于惯常拯救和容易愧疚的人来说，很容易掉进这个陷阱里。

过度依赖对关系的伤害

让我们来对过度依赖做更多的解读，看一看它究竟会如何伤害到关系。

想象这样一个画面：一个人四肢健全，却从不走路而是把自己整个身体倚靠在另一个人的身上，那会是一种什么感觉？

我还记得一个朋友结婚时的情景。当地的风俗是大喜的日子新娘子脚不能着地，婚房没有电梯，她老公抱着她从一楼爬到六楼。后来，我问他们这个过程幸福吗？朋友的老公说开始觉得自己抱着美娇娘，心里挺美的。结果越爬越累，到了后面觉得就像扛着麻袋，迫不及待地想扔在地上。几个朋友听完忍不住大笑起来。朋友对我说，一开始还觉得挺幸福，毕竟终于等到了这一天。后来老公抱不动，把我扛起来的时候，我感觉自己被当成了一个物件，特别狼狈，担心他会不会把我直接扔在地上，挺可怕的，我也感觉到他累得身体都在颤抖。

　　我举这个例子是想让你理解，当一个人把自己的全部重量都放在另一个人身上时，另一个人会相当辛苦。在这份疲惫与无助之下，即便是再浓烈的爱意也消失得无影无踪，只会剩下不舒服的感觉。那个把自己交托出的人，其实也会有很多的不确定，他会感到恐惧、焦虑，短暂的美好之后更多的是不舒服。过度依赖就是超过了双方可以接受的限度之后，彼此都会感到不舒服的行为。

　　日常生活中，有很多在心理层面上的过度依赖者，他们虽然四肢健全，但是在精神上却没有骨架支撑，无法独立，好像一副坍塌的躯壳。过度依赖者就像是藤蔓，缠绕在被依赖者的身上，而被依赖者则是负重前行。依赖者并不会主动为自己的欲求做出任何直接的行动，而是通过要求被依赖者来实现愿望。

　　这是一种迂回的满足方式，依赖者通常不会像主动攻击者那样，通过暴力方式达到目的，而是借由自身的无助感让被依赖者不忍心拒绝或者不能拒绝。而被依赖者往往是典型的老好人，且容易愧疚，这类人最大的特点就是不会拒绝。

这对于被依赖者来说，是一种被动攻击。

一场操纵与愤怒的游戏

依赖者传递的信息是："没有你，我就活不下去。你离开了，我就死了。"

这场游戏的最初，被依赖者帮助依赖者解决问题，缓解对方的无助感，而被依赖者会感觉到自己的全能并从自恋中获得充分的满足。其内在的声音是："你看，我多厉害，我又帮他解决了一个问题。"

然而时间久了，次数多了，依赖者甚至长在了被依赖者的身上，对方也会渐渐体会到，很多依赖者的需求自己满足不了。这时，就像我前面列举的新郎抱着新娘那样会感到疲惫，甚至愤怒。这种愤怒，既包含了对自己无能为力的愤怒，也包含了自己无法拒绝对方的愤怒，这些都难以表达出来。

被依赖者作为老好人，难以表达拒绝是一个常态。长此以往，被依赖者因无法维护自身的边界，便会逃离。对于大多数被依赖者来说，选择逃离表明还存有自我力量，很多身背重负的被依赖者内在的愤怒无从宣泄，最终会指向自己的内在，诱发抑郁。

日常生活中，过度依赖者中女性居多，当然也有一些男性。非常典型的例子就是，孩子幼年时，母亲会虔心地照顾吃喝拉撒睡，孩子如同一个生活残疾者，丧失了生活自理能力，母亲的如影随形成功地把孩子攥在了手心里。由于缺乏照顾自己的能力，这些孩子也会非常依赖母亲的照顾，成年后会对身边的人提出更多依赖的需求。

很多过度依赖的女性缺乏边界，把孩子当作自己的一切，也要求孩子承担母亲情绪的一切。比如，母亲心情不好，孩子要负责安抚；如果不能够提供情绪价值，母亲会使出浑身解数，指责、谩骂、奚落、贬低孩子，总而言之就是你要满足我，为我的情绪负责，你不满足我，就要受到道德谴责，就该受到惩罚。这个时候的母亲，看起来又变成了一个主动攻击者。她们的弱隐藏在这个强势背后，不管怎样，其核心底层需求是我很弱，需要你满足我。

过度依赖者无法独立存在，他们把自己匮乏干瘪的灵魂寄生在另一个人的生命中。他们没有勇气面对自己的生命惨淡，永远在被依赖者那里寻找辉煌的灯光。由于自我主体性的缺失，他们会非常焦虑和恐惧，常常难以抑制地想要伸手抓住被依赖者，渴望在对方身上找到存在的感觉。这种无意识层面的抓取，就像一只无形的大手，使被依赖者感到空气中弥漫的窒息感。

这种方式不同于主动攻击那样表现出强烈的攻击性，而是温水煮青蛙般，一点一点攻陷被依赖者的边界。依赖者内心的空虚长年累月地累积在生命中，一旦被依赖者离开，孤独会像魔鬼一样把内在的渴望击得粉碎。这种关系的破裂感，如同被抛弃一般，会让依赖者难以忍受，因此他们往往会紧紧地抓住被依赖者，认为这是最好的选择。

没人能做你的救命稻草

依赖者的内心常有一种深深的羞耻感，那是一种对自身不够强大的无能为力感。一位朋友曾经和我分享这种感觉。她的丈夫收入还不错，孩子出生后，她做了全职妈妈。由于没有直接收入，自己的吃穿用度都需要从丈夫那里拿到。每个月的开销都要算计着花，自己想要买些什么的时候，她就会感到强烈的无助感，为自己的需求感到羞耻，甚至憎恨自己的想法，这在我们的生活中太熟悉了。

其实，如果一个人还能够对自己感到生气，说明内在已经开始反思，并且试着体验与被依赖者的分离。但是对于一个绝对依赖者而言，他们从来不愿意睁开眼睛去看、去体会自己的内心，他们把被依赖者当作自身的一部分，从未想过分开。这也是很多被依赖者感到痛苦的原因之一，他们需要花费很大的精力，忍受道德的谴责，才能够在依赖者与自己之间拉开一点点空间。

非常典型的例子是我们常说的孤儿寡母。寡母将全部心力放在孩子身上，牺牲自己的幸福。当孩子成年后，离开家组建自己的家庭，寡母往往会情绪崩溃，因为孩子就是她的全部。我们都知道，孩子成年离开原生家庭，组建自己的家庭是非常正常的过程，但是对于寡母来说，孩子一旦离开，自己便无法活下去，这会使孩子感到非常内疚，继续扮演被依赖者的角色。

生活中，我们会看到很多这样的例子，儿子长大结婚后带着母亲一起过，婆婆与儿媳的关系也难以相处。从家庭系统的角度来说，母亲没有退位，仍然时刻关注着儿子的一举一动，眼里除了自己的儿子没有别人。儿子没有跟母亲分离，他们仿佛才是一体，儿媳在家中的位置反而变得奇怪且尴尬。

这样的组合序位，会带来家庭动力的混乱，使很多精力消耗在这些复杂的关系里，导致家庭建设无法真正地开展。

过度依赖者很少自己做直接的决定，他们做的最直接的决定就是选择一个可以为他们决定并且负责的人。这其实非常冒险，被依赖者一旦不再为依赖者负责，选择逃离这场控制与愤怒的游戏，依赖者将不得不被迫为自己的选择负责。其实，不管哪种选择，都要为自己的人生买单。

这一节的最后，惯例还是提供几点建议。

第一，如果你是一个被依赖者，期望过度依赖者反思双方的关系是很难的。你需要清楚地表达自己的底线和边界。需要注意的是，如果一开始就明确表达，可能会导致离开彼此的震动过于剧烈，使被依赖者陷入疯狂攻击。为了避免这种情况，你得从一点点的小事做起。比如，如果他在帮你做事情，你可以说："我想自己来做。"多次这样温和且坚决地表达，大多数都会起作用。

第二，面对自己的"坏"。这个怎么理解呢？你要不断提醒自己，不要中了依赖者最擅长的招数——道德谴责。如果对方采用这种招数，你会觉得自己内心过不去，继续充当被依赖者。你要做的是清楚地意识到对方的谴责，并非你自己的问题，而是依赖者继续过度依赖的借口。同时，要觉察自己对"坏"这个含义的认同。如果你很容易被攻击到，认为自己"坏"，要去深层地探索一下是不是内心就是觉得自己很"坏"，这是一个比较大的成长议题了，需要一些耐心和时间抵达。

第三，如果你是一个容易依赖他人的人，最重要的就是学习尝试着让自己成长为一个独立的人。你需要不断地内观自己的真实需求，增加自我力量，锻炼自己的人格强度，让自己变得强大起来，至少要有独立的意识，再慢慢通过成长到达分离的位置，这样真正的自尊才会被建立起来。

第四，尝试着让自己从过度依赖的关系里走出来，换句话说就是试着为自己负责。很多时候，过度依赖者会陷入离开对方，便无法活下去的幻想之中。这里需要用到我们前面说到的现实检验，来验证自己是不是真的离开对方就活不下去了。一旦有了这种离开他人，自己也能为自己负责的体验，对于现实就不会再感到那么惧怕了。

本节要点：

依赖与被依赖在达到某种程度的平衡时会产生非常美妙的和谐感，一旦超越了这个限度，便会对人产生威胁感，甚至显现出攻击性。

过度依赖是一种被动攻击，过度依赖者利用自己的脆弱，让依赖者受到道德谴责而不忍心拒绝。

大多数被依赖者，选择逃离表明还存有自我力量，很多身背重负的被依赖者内在的愤怒无从宣泄，最终会指向自己的内在，诱发抑郁。

过度依赖者把自己匮乏干瘪的灵魂寄生在另一个人的生命中，由于自我主体性的缺失，他们会非常焦虑和恐惧，常常难以抑制地想要伸手抓住被依赖者。

二、拖延：隐蔽在沉默背后的攻击

拖延如何在关系中发挥作用，又如何通过被动攻击来攻击对方、攻击自己呢？

我们先来看看拖延是如何攻击对方的。和前一节过度依赖类似，拖延者刀不出鞘，就能让对方内伤，少则生气，多则吐血。有些时候，被伤及者甚至会五雷轰顶。可以看出，这个杀伤力的级别就像股市的下行K线图一样，让人崩溃。拖延者认为自己不吵、不闹、不打，就什么事都没有，其实他们的行动已经出卖了自己。

拖延者的"三迟"

拖延者的拖延武器有"三迟"，就是迟回应、迟行动、迟拒绝。这"三迟"，如果出现在一般的社交关系中，基本上就是一次性合作。

试想，一个部门或是跨部门几个同事合作一个项目，大家需要经常碰头商量工作事宜，涉及大量的沟通、回应、再沟通。如果你给对方发送消息，却迟迟得不到回应，那是什么感觉？对我来讲，遇到这种情况，我是会很愤怒的。我想不会有人喜欢那种不被回应的感觉。何况这是一种合作，是正常的被回应需要。

我们很难理解，这个例子里的拖延者到底因为什么不回应。无论如何这种方式已经明显地影响了合作关系，大家会不愿意跟这样的人靠近，他如果不发生改变，很快也会失去现在的工作。

职场中的拖延相对来说并不复杂，明确反馈模式之后，下次不合作即可。但是在亲密关系中，这种拖延带来的杀伤力就要大多了。

朋友曾和我讲到家里卧室门一开门就吱吱呀呀地响，她让老公想办法，结果一直拖了半年多也没下文。这半年每次开关卧室的房门，那个声音就像是最忠实的朋友从未缺席。她问丈夫什么时候修，丈夫嗯一声，就没下文了。

朋友从最初的耐心等待、心怀期待，逐渐转变为生气，直至最后怀疑对方是否爱自己。结果她丈夫还是一如此前，每次都是点头嗯一声，又没了下文。朋友说每次和丈夫说修门的事情，就好像一阵风一样刮过耳边，说了跟白说一样。

我问朋友，你为什么要一直等着你丈夫去弄？她说，她觉得家里维修这类事情，还是应该由丈夫去做，所以自己就一直等着，直到等到她忍无可忍。

最终朋友意识到，一直这样等下去，是自己更难受，而不是别人。她决定不再等待，直接处理，其实很简单，换个配件就解决了。

从现实来看，修门这件事并没有多难，只是朋友的丈夫一直拖延，最后竟然在情感上掀起轩然大波，影响到夫妻关系，这确实让人挺郁闷的。而我这位朋友，因为思想的固有性，没有意识到自己可以直接更快地解决这件事，让自己在痛苦中待了这么久。这对自己，对双方关系都是不利的。

不被回应的绝望

让一方始终处于等待之中，在漫无边际的焦虑中期盼一个回应，而这个回应还不知道什么时候能够到来，这种感觉会令人非常挫败。拖延者在这个过程中用无回应直接控场，与之对应的是等待者的失控感，事实上很多人不仅感觉失控，还会感觉愤怒以及羞耻。

微博上一位网友也分享了自己遇到的事情。她说由于工作需要，请领导在一份材料上盖章。领导口头上答应了，就是迟迟不盖章。开始她还会催促领导，到了后面也不好意思再催促。

这位网友说自己从开始的感谢到后来的失望，最后心中充满愤怒。她甚至感觉如果不是自己不够强大，何必要留在这里受这份屈辱，她对自己的无能感到愤怒，对于领导的不可控感到无力。

拖延带来关系的缥缈感和失控感。双方连接不上，就像身处茫然无边的外太空，你感觉对方好像是在的，却不知道究竟在哪里，而自己像是被搁置在这无回应的绝望里。

这种感觉很容易唤起一些人的早年创伤性体验，尤其是婴儿期被父母严重忽视，缺乏回应的成人，遇到这类拖延的伴侣，非常容易情绪崩溃。拖延带给他人的这份压力，使得关系中的双方很容易陷入张力之中，久之甚至导致关系的破裂。

拖延的四种类型

我们再来看一看拖延者本身，说起来也是一部血泪史。

我曾经在微博上询问网友对拖延有什么感觉？拖延都发生在什么样的时刻？根据众多网友的回复，我总结了大致以下四种拖延的类型。

1. 失控型

这种类型的拖延者感觉自己无法掌控局面，自己是一个无助的被动者。这种感觉之下是一种深层的恐慌感，对自己能够主动做点什么无法掌控，整个人处在一种漂浮和恍惚的状态之中，对于如何应对当下的情境，完全是一种应激反应。

失控型拖延者更倾向往后退缩，在这个过程中，他们已经无法去观察别人的反应。当我们与这类拖延者相处时，有时候感觉他们好像受到了惊吓，他们也不是故意为难别人，就是自己突然卡壳了，无意识地拖延。

2. 纠结型

这类拖延者对于自己究竟是什么想法并不清晰，甚至不知道自己到底是拒绝还是接受对方。本质上，这是一种焦虑状态。一位网友说，自己在公司工作了五年，一直期盼着升职的机会，然而机会来到的时候，她却摇摆不定了。那一刻，她发现自己有点留恋现在的职位，甚至对升职感到一丝犹豫，因为做了决定好像就再没有了重新选择的空间，于是便拖着不选择，幻想同时保有另一个选择。然而，最终的现实是由于她一直没有给予回复，领导认为她目前没有准备好，暂不适合这个岗位。

这位网友很后悔，自己保有的幻想破灭了。事实上，无论她做出哪一种选择内心都会很痛苦，这种痛苦的感觉源于一种隐蔽的丧失感。原来的岗位，虽然不完美，但是意味着某种残缺的丧失，而升职的岗位在犹豫中错失也是不完美的。对完美的追求，使得这类拖延者无法顺畅地做出任何决定。

3. 对抗型

这类拖延者的特点就是有明确的想法，但是又不拒绝你，就是拖着，这种类型的拖延在各种关系中都很常见。

有位网友分享了自己的拖延。她说很多工作之所以拖着不去做，是因为自己不想变得有钱，因为一旦有钱就会被搜刮走，自己创造出来的价值就没有了。既然保不住自己的利益果实，索性不做。还有网友说，觉得做某件事情没有价值，自己不想面对这种没有价值的感觉，所以拖着不去做。也有网友说，有些事情自己不喜欢，又不能拒绝，于是就拖着。

我在这节的开篇说到修门的例子，也是这种对抗型的拖延。事实上，我朋友与她丈夫的关系一定有某些问题。后来我从朋友那里了解了更多他们夫妻之间的事情，发现朋友在亲密关系中是那种控制欲比较强的人，丈夫对妻子的行为积怨已久，但是碍于丈夫的人设，不好意思发火。既然不能主动表达内心的不满，自然就转换成了被动攻击——通过拖延来对抗，也就是"你说什么，我都接受，但是我不去做"。

这种被动攻击生生把我朋友逼得情绪失控，怀疑丈夫的真心。而拖延的丈夫成功用这种攻击，把自己的愤怒表达出去了。虽然朋友后来痛定思痛，直接解决了问题，他们的这种彼此攻击的方式，让伴侣关系也受到了较大的损伤。

可见，这种对抗型拖延的力量有多么强大。在亲子关系中，这种类型的拖延更常见。如孩子不理父母，或是做事情磨磨蹭蹭都是在表达对抗。这时候，父母需要反思会不会自己对孩子的控制性太强了。

事实上，任何关系中的对抗都不是毫无缘故的，需要了解关系中的各种细节，到底是哪里出了问题，及时做出调整，拖延的对抗性才可能减轻。关系中的一方体验到愤怒的感觉，正是拖延者要让对方感受到的攻击。同样，当拖延者面对不想做、不想答应的事情时，也会感受到来自对方的攻击，但是他们无法发起主动攻击，于是通过拖延，让对方耐心全无，拖到对方自己放弃，如此一来，拖延者既不用为对方负责，也不用为自己负责。这当然是一种幻想的假象。因为不做出选择也是一种选择，就像我们前面提到升职的例子。

4. 粗暴型

这类拖延者对于结果的不确定性会感到不安，惧怕再往前走一步就不得不面对可怕的后果。

他们内心渴望完美，担心自己的行动会破坏完美，背后是对于失败与不完美的恐惧。比如，这类拖延者面对工作常常拖延到最后期限，没什么幻想空间了，于是加班加点，熬夜到通宵，最后还是能完成。有一些人在这个瞬间，感觉到很爽。但是这个爽并不足以让他们在平常更有动力去做事情。

有位网友在我的微博留言说，自己很喜欢把事情拖延到最后期限，拼命完成之后很兴奋，以此证明自己不是个废柴。虽然这里她提到了兴奋感，而我却看到了一些哀伤，把事情拖延到最后才去做，实际上是用一种很粗暴的方式逼迫自己。

拖延，拉长了时间，放大了空间，也减慢了速度。很多人与拖延者相处时常常感到非常焦虑，当这种焦虑累积到一定程度，便会放弃这个关系。

拖延者这么让人抓狂，不要以为他们只是让别人难受，他们对自己也是同样残酷。一位常常拖延的网友对我说，自己拖延的时候，心里很清楚事情要有个结果，毕竟有时间限制。于是自己就会在不可控的时间区间里安置拖延。怎么拖延呢？一会刷刷微博，一会看看朋友圈，一会刷刷网购。实际上，在拖延的过程毫无享受的感觉，而是持续性的焦虑。

换句话说，拖延者在心理层面承受的压力，不比一门心思去完成事情的压力小。

谈了这么多关于拖延的理解，我们来说一说如何应对拖延。同样，我也会给你几个小建议帮你应对拖延。

第一，如果你是一个拖延者，我想请你尝试理解自己，同时也请你理解他人。没有人愿意故意拖延，一定有某些迫不得已的原因，只是不为外人所了解。就像一位网友说的那样，当你接受了自己的拖延，拖延也就没那么可怕了，不必苛责自己。

第二，善待自己。当你面对一件内心很抵触，却又无法拒绝的事情时，可以在做这件事之外为自己安排一些喜欢的事情，这就好像是一个奖励。比如，当你完成了某件很抵触的事情时，可以给自己安排一次外出旅行，买一件自己喜欢的物件，甚至只是做一件自己喜欢的事情。总之，就是用一件自己喜欢的事情来平衡和削减做抵触的事情所带来的痛苦感。

第三，就是把不想做的事情进行拆分。我们对很多事情有抵触，又不得不完成它，很多时候是因为事情比较繁杂，给人一种覆盖式的压迫感。这会增加你的无助感，从而想要逃避拖延。所以，从事情比较容易的部分入手，积累一些成功的体验和感觉会让你更有动力完成这件事情。

第四，如果你在关系中是被拖延者搞得抓狂的一方，我建议你首先要做的事情是觉察，觉察关系中发生了什么？我们说拖延是一种防御，是不是自己做了什么，让对方启动了防御机制呢？这种觉察可以帮助你看清自己、看清关系。如果说，你说的、做的并没有过分的地方，那么可能只是对方的一些情结在作祟。这个时候，尊重对方的感觉就好。如果你有一些过错，可以坦诚地说出来，同时向对方表达拖延会影响到彼此的关系。

第五，面对拖延者也需要一些小技巧。比如，你的下属爱拖延，你在布置工作的时候，告知对方的时限要比你原定的时限提前一些，同时明确告诉对方工作要按时完成，这样事情会变得更可控一些。

本节要点：

拖延者认为自己不说、不打、不闹，就什么事也没有，其实自己的行动已经将自己出卖。拖延者的武器有"三迟"，即迟回应、迟行动、迟拒绝。

拖延会造成关系的破裂，拖延者让对方一直处于等待之中，用自己无回应的方式直接控场，与之相对的是等待者的失控感和羞耻感。

拖延大致上有四种类型：失控型、纠结型、对抗型和粗暴型，无论是哪一种拖延都是拖延者表达出的一种防御机制。

拖延者的内在有一个严厉的指责者，他们在拖延过程中并非享受，而是表现出持续性的焦虑。

三、疾病：隐藏在身体背后的攻击

这节内容是我们被动攻击部分的最后一篇，我们要谈到的内容是疾病如何表达了我们内在无意识的信息，我们又是如何通过疾病来攻击自己、攻击他人和关系的。

低价值感带来过度牺牲

撰写这节内容的时候，我首先想到的是《射雕英雄传》里的阿衡。如果你读过这部武侠小说，就会知道阿衡是东邪黄药师除了自己的女儿黄蓉之外，最心爱的女人。整部小说中，阿衡一直躺在冰床上，无法言语，不能起身，甚至没有意识。哪怕黄药师每天对她说话，也毫无反应。用现代医学的观点来看，阿衡是一个植物人。在唯一一次复活机会来临时，由于西毒、黄蓉和郭靖的闯入而失败。

但其实，阿衡应该是一早就死了的，只是黄药师一直不愿意面对这个结果。

那这个和攻击性有什么关系呢？

阿衡一心想帮夫君黄药师，哪怕自己已有身孕八月，仍然铤而走险。从这个角度而言，阿衡并不珍惜自己的生命。她因为黄药师这个人而存在，她的喜怒哀乐也随黄药师变化。她曾经安慰黄药师，只要他高兴，一切都是值得的。在内心深处，阿衡很可能会认为，如果不去拯救黄药师，她自己内心的无价值感就无处安放了。

但是她过度牺牲自己，最终殚精竭虑，气血耗尽而亡。

阿衡有多想留在这个世界上？也许她内心并不真正地留恋。在遇到黄药师以前，她在另一个异族里长大，不被接纳，后来也是逃离异族。可以说，一开始，她就是个弃儿。这样的阿衡，内心的无价值感、被抛弃感是很强的。对于得到幸福甚至是奢望的。

尤其是，看到深爱的人如此痴爱这本《九阴真经》，自己的安危早就被置身事外。黄药师的高兴，就是阿衡的价值，阿衡的存在。

对于黄药师来说，在阿衡死去之后，才发现她比《九阴真经》更珍贵。可是，人已经回不来了。

这让人心痛，也让黄药师在那一刻起，就陷入了悔恨哀伤。他盖世的武功，也救不了妻子的性命。这是多么大的自恋挫败啊！哪怕留下了一个聪明可爱的女儿，也没有解决这个哀伤，他一直也在计划，等女儿长大成人，就和妻子一起沉入大海。

没有了你，一切都没有意义。哀莫大于心死。

黄药师，一直在用阿衡冰冻的身体保留仅有的一点希望。那背后是一种近乎绝望的幻想，我要你活着，我要救你，我不要你离开我。

但其实，我们都知道，阿衡早就死了，这只是黄药师哀悼的一个过程。

阿衡用生命的代价，证明了自己的价值。而黄药师觉得，我宁可不要什么武林秘籍，我只要你活着。但是，他这样想的前提是，这本秘籍已经到手了，才不得不面对另一个失去。在此之前，他呈现出来的热情，会让阿衡觉得，只有这本秘籍是最重要的。这多少给了边界不清晰的阿衡一些难以抵抗的信息。

两个很相爱的人，最终体会到你死我活，才能明白生命的意义。

这其实也是一种很虐的方式，虐自己，虐他人。阿衡通过这种过度付出，牺牲了自己的生命，这是一种极致的牺牲，黄药师因为阿衡的离开，陷入抑郁，这是对自己的攻击。

当一个人的自我价值感很低，在关系中就很容易牺牲自我。剧中，阿衡如果没有死去，以黄药师的人品性情，大致是不会辜负阿衡的。但我们真实的生活里，过度付出，牺牲自己的人未必会得到相对应的收获。

最痛苦的是，因为不能表达自己的需要，不能在必要的时候喊停，无法表达的情绪越积越多。当我们的心智无法承受的时候，就会启动身体的代偿机制，通过身体病痛来表达。

我有一位朋友，她的父亲罹患胃癌伴发肝转移，最终治疗无效离世。从确诊到去世，只有短短三个月的时间，朋友说父亲是个脾气急躁的人，常常生气发火。从中医的角度看，肝脏对应五行为怒，暴躁易怒容易损伤肝脏的功能。总是生气发火的人，其实自己的内在早就已经火烧火燎，就像中医说的肝火旺。朋友的父亲似乎一辈子也没有学会如何与愤怒相处，要么失控爆发，要么就是压抑愤怒。

身体信号提醒注意健康

当我们发现身体出现病痛的时候，其实是身体发出的一个信号，提醒你要注意健康，觉察身体的需求。是不是哪里出了问题？是不是很累，需要休息？

朋友提到父亲，说得最多的是："我父亲总是忙碌，太累了。"显然，这位父亲没有好好照顾自己的身体，是一个一直忙碌，难有放松机会的人，可能一直处在一个紧张的状态，紧张、压力会使身体的免疫力下降，增加罹患疾病的风险。

朋友父亲的例子，包含的攻击性是不言而喻的。内在强烈的愤怒，除了平时发怒、生气，伤害身边的人，也在伤害着自己的身体，最终导致了罹患疾病身故。父亲的身故，给家人带来的痛苦和悲伤，在某种程度上也是一种攻击。换句话说，离开身边的家人，抛弃了身边的家人，而家人再也没有机会为对方做些什么，这是一种非常无助的感觉。

身体是我们的智慧导师

再来列举一个我身边朋友的例子。两年前，朋友曾经获得了一个升职加薪的机会，但是就在这个关键时候，她突然扭伤了身体。我们谈起这件事时，她说那几天一直在想着升职加薪的事情，感觉这是自己很想要的，机会来了。但是身体扭伤之后，她忽然发现，自己变得没那么焦虑了，好像有一种解脱的感觉。这时候，她才意识到自己的内心并没有做好升职的准备。这次扭伤，自己身体承受的疼痛也让她明白了自己内心到底想要什么、自己的节奏是什么。

升职加薪最终没有实现，朋友却开始听从身体的指引，她感受到更多的安宁。这个结果对朋友来说或许才是真正适合的。两年后，她获得了另一个职业成长的机会，这个机会比之前的机会更好，也更适合她。这一次，她已经做好了一切的准备，志在必得。

身体是我们的智慧导师。有位网友给我留言说，自己的母亲很爱唠叨、埋怨，似乎总有一肚子的怨气。父亲在她十几岁的时候，耳朵出现了问题，最后一只耳朵完全失聪，另一只耳朵呢，需要在耳边很大声地说话才能听见。耳朵听不见，是很经典的防御。既然不能阻止对方的唠叨和埋怨，无法让对方闭上嘴巴，那么就关上自己的耳朵屏蔽信息，不用承受对方的情绪发泄。

这个方法还真奏效，网友的母亲自此很少在父亲耳边唠叨，只是苦了这位网友，一直在母亲的唠叨下成长。网友的父亲用这种方式屏蔽了对方的唠叨和埋怨，本质上是用一种被动攻击的方式阻碍她母亲的入侵，这保护了自己，但同时也对自己的生活造成了影响。因为耳朵听不见，人际交往也出现了困难，换句话说这种方式也是对自己的攻击。

生活中还有一个例子非常典型，也是来自一位网友的分享。她是一位新手妈妈，请婆婆帮忙带小孩。过了一段时间，婆婆三天两头生病，不是头疼感冒，就是胃疼、肚子疼。这位网友本来是想请婆婆帮忙带孩子，感觉对方因为是照顾孩子操劳才生了病，自己很内疚。最后，还是请了阿姨帮忙带孩子。这个例子中的婆婆可能并不想帮忙，又不好意思开口拒绝，只得通过身体出现病痛表达自己的不满。同样的例子还有，听到恐怖的事情，感受到强烈的情绪，突然肚子痛；或是情绪激动的时候，突然头疼，这些都是借由身体症状表达情绪。

身体是我们最忠实的朋友，哪怕你的意识已经给它传递了信息，我们的身体似乎更愿意遵从来自无意识的信息。比如，你说自己不累，但是你的身体已经非常疲惫了，这就是一个需要休息的信号。这些无意识的躯体反应迫使我们去关注内心深处真实的想法。

我们身边有许多人都不在意自己的身体，往往忽略身体发出的信号，直至身体出现了问题。

在我的一次心理成长工作坊上，我引导参加的伙伴静下心来感受自己的身体有哪些部位不舒服。过了一会儿，每个伙伴都说出了身体不舒服的位置，在我们心理成长工作坊结束时，每个人的疼痛都出现了不同程度的缓解，积压在身体的情绪被释放和转化后，整个人的身体都放松了。

我们的身体值得去珍爱

而人们不会照顾自己的身体，有一个很重要的深层原因是，觉得自己不值得被珍爱。这跟一个人不愿意照顾自己的情绪是一样的逻辑。小时候没有被父母很好地照顾，也没有办法从父母那里学习到怎样照顾自己的身体和心灵。成年后，也难以信任会有其他人在她需要的时候愿意照顾她。

曾经有一个女孩儿，她跟我讲述她的故事，满眼悲伤。她说：如果有一天，她得了绝症，或者残废了，她将选择安乐死。因为她的经历让她无法相信，在那样需要依赖他人的时候，可以得到有尊严的照顾。比起屈辱地活着，死去更值得向往。

我听得好心痛。不知道用什么语言来安慰这绝望的心灵。只能倾听，只能陪伴，只能在这倔强里，感受她到底经历着怎样的艰难。

其实，又何尝是这个女孩这样想呢？有太多人跟我说过类似的话、类似的故事。甚至，在她们身体有疾病的时候，不会去选择医治，而是视而不见。这是一个慢性自杀的过程。身体能承担多久？如果得不到照料，他们很快就将疲惫不堪。只能勉强维持，最后灯尽油枯。

我特别想说，如果你的生命里，曾经有人不爱惜你，那不是你的错，你只是想要活下来。而现在，你活下来了。你终于长到了可以有能力照顾自己的时候，你可以，从现在开始试着像一个小孩学习走路一样，学着照顾自己。

　　虽然，我们说忽略自己身体的信号，从深层来看有着低价值感的原因，但是并非每一个低价值感的个体都一定会出现身体的问题。每个人身体的不同部位承载的情绪也不尽相同，也并非每个人的身体出现了病症一定是情绪诱发的问题。最后，我建议如果身体出现了某些症状，首先要到综合医院进行检查，确认没有躯体疾病，再考虑是否由于情绪问题诱发了身体症状。

　　关于本节内容的一些建议。

　　如果在关系中，他人频繁地用生病的方式攻击你，那么第一个建议就是，你需要思考彼此之间发生了什么，彼此之间的空间是否需要调整。老话说"有则改之无则加勉"，这些对于思考关系中的问题很有帮助。

　　第二个建议，静下心来对自己的内心有更多的了解和觉察，是不是有时候会用身体病痛的方式表达自己的情绪？又有哪些内在情绪无法直接表达？自己内心的恐惧是什么？这些问题可以帮助你更加深层地探索自己，从而积累更多的自我力量，在关系中更加从容。

　　第三个建议，尝试和自己的身体对话。每天躺在床上，花上十几分钟的时间，不受他人的打扰，就像和一个老朋友聊天那样，感受自己的身体。同时，运动身体，可以提高体内多巴胺水平，产生更多愉悦的情绪。

本节要点：

当我们的心智无法承受压抑情绪的累积，就会启动身体的代偿机制。从这个角度看，我们的身体是最忠实的朋友，任何时候都真实地表达了我们的内在情绪状态。

当我们的身体出现症状的时候，也是身体发出的一个信号，提醒我们要注意健康，调整自己的节奏。

我们的身体是最具智慧的导师，如果你耐心倾听身体的声音，它会告诉你前进的方向。

如果身体出现症状，第一时间前往医院检查，确诊没有躯体疾病后，再考虑是否由于情绪问题所诱发。

互动："恰如其分"的愿望也会成为一个牢笼

来看第一位读者朋友的留言。

"重看活力之美，忽然觉得我终于知道了为什么性格温和的淑女反而容易成为老姑娘，而那些叽叽喳喳，整天花枝招展的女生却很招人喜欢，活得纯粹，不在意别人的看法，自在又潇洒。淑女更多的是克制，这不行那不好，我还是怎样的好，淑女也想潇洒，但是被什么给禁锢住了，挣扎着解脱不出来。任你有内涵，不了解谁知道，总是要先让别人看到你的活力，注意到你的存在，才有机会被了解到。淑女还是挺压抑自己的，怎么解脱自己呢？不想做个淑女，也不敢太放纵，怎么恰如其分地展示自己呢？这问题还不够深，我总是不能很好地表达自己真正的想法，需要再思考怎么表达才更准确。"

回应：

在你的问题里，我感受到了那种想要表达又害怕表达的感觉。我想在你的经历里，也许经常会体验到这种冲突的感觉。当你提出一个问题，你又很担心这个问题不够深刻，不能准确地表达自己所想。听起来，就像是你的内心有一个严厉的声音，他们一直在监督着你，随时指出你的不够好，不够深度，不够完美。

其实，我能够从你的文字里明白你的意思。我们讲出自己的想法，表达自己的意见，这本身并没有什么好与不好。这种表达，无论以什么样的形式，都是在展开自己的生命力。同样也是在向这个世界展开你的攻击性。我欣赏你的表达，也欣赏你的勇气。这些是我首先想要说给你的话。

接下来，我们来聚焦一下你的问题本身。"淑女还是挺压抑自己的，怎么解脱自己呢？不想做个淑女，也不敢太放纵，怎么恰如其分地展示自己呢？"

这里，有个关键词：恰如其分。大家有没有注意到，我们整个攻击性系列都是在通过各种角度，让大家理解攻击性，尝试去表达，尝试去调整，尝试去平衡自己的攻击性。希望未来有一天，我们可以恰如其分地表达自己的攻击性。可以活得不卑不亢，活得自在丰满。所以，当你说怎样恰如其分展示自己的时候，我的理解是，你看起来是在表达一个愿望。其实更是在表达你的无助。这个愿望本身已成了你的牢笼。因为你说的每一句话，都在挑剔自己，觉得自己不够恰如其分。这正是攻击性被压抑的地方。因为内心苛责的声音，你不能，也不敢，活出潇洒的模样。

要打破这个牢笼，最重要的是放弃掉这个"恰如其分"，这个完美太有压力了。需要跟这个"恰如其分"保持距离，把它放在一个远远的岸边。

没有谁一开始就能够恰如其分，也没有谁不犯一丁点错误。需要拿自己当个人，而不是"神"。

当你开始表达自己，很有可能你会感觉到一些方式，与成熟表达的人来说有差距。但这是正常的。就像一个小孩子学习走路，开始肯定会跌跌撞撞。没有哪个孩子一开始就能够优雅地行走。

需要允许并接纳自己的"不恰如其分"，允许自己说得没有那么成熟，没有那么优雅，没有那么精准，这样才能够打开这扇门。慢慢练习，慢慢总结，有一天，你可能在不知不觉间，就到达了"恰如其分"。

我的每一个来访者，在决定做长程咨询的时候，我都会告诉他们，接下来的成长是螺旋式的，要有心理准备。每一个阶段都是在变化的，有时候可能会觉得比以前更好了，有时候，又感觉更糟糕了。但其实，这些都是这个过程里会经历的。每一次看起来和往常有相似，但是又有不同。不断地来回，螺旋式上升，下降。很多次旋转之后，内心的整合越来越完整，力量也会越来越强。

成长的过程，从来没有一帆风顺。我是想告诉大家，反复是一个常态，没有做到想要的那么完美，也是一个常态。这就是我们生活的一部分，让我们尝试来接受它，允许它的存在。

人们的攻击性力量不能向外的时候，最终都是发泄在了自己身上：不断地苛责自己，攻击自己的不好、缺陷、笨拙等。可是，亲爱的，这些所谓的"不够好"，这些缺陷，这些笨拙，本应该得到更多的爱和关照，不是吗？有时候，我们像一个冷漠的看客，和当年攻击我们的人一样，无情地攻击着自己身上的那些缺点、不足。

我希望当你理解到这些的时候，可以给这些缺陷和笨拙一个大大的拥抱。用你的爱接纳它们，给它们一个位置。我相信，你会因此而更有力量。

还有一个与"恰如其分"这个议题相似的问题，我们来看看另一个朋友的提问：

"'带着对权威的愤怒，对领导的方式跟对父母的方式是一样的模式。'有点触动到了我。我觉得我有一种愤怒，并且预想领导是讨厌我的，所以我说话的方式是带着愤怒的。再想想我对我妈是一直有个假想，她是不爱我的，所以当她不满足我的要求时，我就暗自告诉自己，她就是不爱我的，你看她就是不爱我的。但没有想到这一模式会跟与领导相处的模式有直接联系。该如何不带有愤怒地捍卫自己的利益呢？"

回应：

在最后一句，"该如何不带愤怒地捍卫自己的利益"这一个点上，我有一个观点，与上面是相同的。我的建议是放弃这个幻想。因为其实很难做到不带愤怒地捍卫自己的利益。

愤怒的力量，是保护自己的。人们觉得愤怒很可怕，是因为它的破坏性。而破坏性，是指愤怒的级别已经比较高了，到了一个充满敌意的程度。

我们要做的是，尝试把愤怒放置在一个级别比较低的范围内。这样的愤怒，敌意成分极少，表达出来之后，反而是能够帮到我们的。比如，你带有真诚，但是很镇定地对一个人说："我对你这样的表达方式感到很愤怒！"和另一种带有敌意、指责，甚至是急促的方式，对他说："你以为你是谁啊，这样对我？你少在我面前耍威风！"相信这两种感觉，是会很不一样的，收到的成效也会不同。

即便是表达的时候有很多敌意，也不要太恐惧。接受自己的恐惧，同样允许自己有个成长过程。而且，对待一些飞扬跋扈的人，说一些狠话，是很有必要的。大家要好好珍惜愤怒的力量。

通常对权威的愤怒，都伴随着很深的对父母的深层情感，这部分是需要慢慢处理的。给自己一些时间，能够意识到这部分已经是在进步了。

再来看下面的问题。是两位朋友提的，但他们表达的是同样的东西。

"前几天发生的一件事也让我重新反思，事情的原因很简单，就是我的亲侄女和一位比她大十几岁的男人走得过近，我提醒我小侄女（小侄女近三十岁），要和这个男人保持距离。结果遭到了我哥强烈的不满，给我打电话，训斥我管得太多了！电话里我都感到了我哥的愤怒，恨不得把我撕裂。我没有说话，我表现得很平静。但是过后，我心里有满满的委屈，事情过了一段时间，我依然在反思：我到底怎么了？为什么我的好意竟然带来如此的结果，总是感觉导致这种结果是由于我没有和小侄女沟通好，很是自责。还觉得每每想起这件事心里都不舒服，好像我的攻击性没有表达，总觉得委屈。黄老师是这样吗？"

另一位是这样说的：

"黄老师，每次我男朋友遇到不开心的事情都不告诉我，但会表现出来他遇到了不开心的事情，而且不想跟我说话。每当遇到这种情况我就会很想知道他发生了什么事，希望能通过沟通帮助到他，但他只希望自己静静。这个时候我会觉得自己很无能，作为伴侣帮助不到他。请问我这属于拯救者的过度拯救心理吗？"

回应：

首先我要说，这两位朋友，你们都辛苦了！同时我还想要说，这是过度拯救的自恋幻想来了，请回到你的界限之内。你们的亲人和伴侣都已经明确表达了：他们希望自己的方式和自由能够被尊重，但是你们选择不看见。

我非常理解你们的好意，可是不知道你们有没有发现，对方在那样的时刻，并没有觉得你是在帮助他，反而觉得你妨碍了他。你的帮助没有被看见，所以觉得无力、无价值感和委屈。

对于亲人，最有价值的帮助是什么？是理解他，尊重他。对方有自己的想法、决定，对方也是成年人，他是可以为自己负责任的。他选择这样做，这是他的自由。当你在没有获得对方邀请，也没有经过对方同意的情况下，任意干涉，这就是越界了！

有人可能会问，那么，作为他的亲人，难道我就这么袖手旁观吗？我明明觉得这样就是害了她。

咱们想一想，自己会不会又把自己的位置放得比较高了？认为别人都很脆弱，一定需要我们的帮助？就算是你看到了这样的方式对她们有伤害，也得注意自己的方式。这样你的关怀才能够到达那里。

如果对方同意，你可以多做一些，同时向对方确认，会不会超越了他的界限；如果对方不愿意接受，那么尊重这个决定。

有一个姑娘跟我分享，她和一个朋友分开多年，但是心中依然挂念。因为她记得曾经在某一次，她经历艰难的时候，这个朋友没有任何评判地理解过她，深深地尊重过她。这让她感到十分温暖，并难以忘怀。这是特别温暖的支持与尊重，这会让我们深爱的人感觉到我们对他们的爱。

我还看到一个这样的小故事。

一位女士在一次英国飞往北京的飞机上，因起落架故障，到鬼门关前走了一遭。身旁的日本老夫妇手牵手准备迎接最坏的结果，法国女孩歇斯底里，而当时才不到30岁的她，抱着书开始平静地回忆自己短暂的一生，对自己一生的总结只有2个字：满意。

当然，有惊无险，我们在后面又继续见到了她梦想的力量。她后来写道：我认真爱身边的人，也被认真地对待；我不曾浪掷蹉跎，始终做着自己喜欢的事。

　　一个人若被深深地看见过、尊重过、爱过，那么死亡，并没有那么恐惧。

　　愿你们在这世界上，被深爱。

第七部分　攻击性的转化

金庸先生小说《射雕英雄传》中的华山论剑是江湖豪杰们比拼攻击性的最高赛场，终极入围者都是身怀绝技的大师。绝技的炼成通常需要内在的功力，外加武学技巧。各路人马最想得到的武学秘籍就是《九阴真经》和《九阳真经》这两本，《九阴真经》侧重技巧，《九阳真经》侧重内功，我也提炼了活出攻击性的练功秘籍，相信你也能够从中学到一些表达攻击性的招数。

一、攻：学会去要

你会害怕自己的需要和欲望吗？如果你害怕，你就会把它们隐藏起来，然后在关系中，做一个看起来非常乖顺，并且不会对他人产生威胁的假好人。但如果你真的这样做，到最后会发现，你成了那个最会破坏关系的"坏人"。其实你可以试着用不同的方式表达自己的需求，主动直接地进攻，而不是一直付出，等待别人满足。

学会主动去要，第一步就是要坚信自己的价值，做到这一点并不容易。生活中有太多人不敢主动去要，底层动力是觉得自己不够有价值，不敢理直气壮地去要，又或者害怕被拒绝，于是选择等待。心中期待对方改变。但这种方式很少带来皆大欢喜的结局，更多的是积压愤怒，最后变得苦大仇深。

坚信自己的价值

一位朋友和我抱怨，年轻时错过了很多次买房的机会，虽然房价高，但是当初凑一凑首付还是够的。当时她丈夫觉得贷款太多，压力太大，且一直认为房价会下跌，坚决不买房子。我这位朋友每次鼓动丈夫去看房，最后都是空手而归。

一次次错过，直到房价已经飙升到他们已经无法企及的高度。眼看着买房的愿望一天天变得不可能，朋友情绪越来越暴躁，总是莫名其妙地冲丈夫发火。她埋怨丈夫当初不肯听自己的买房子建议。两个人越吵越凶，几乎到了要离婚的地步。

我问朋友，当初是什么让她不能坚持自己的意见呢？她说自己只敢怯怯地表达一个愿望，却不敢持续性地争取，总想着丈夫能够看在夫妻情面上，满足她这个愿望。她害怕自己坚持的话，会让丈夫不高兴。在她看来，丈夫不高兴，是一件极其可怕的事情。

她的内心深处认为自己没有价值，不敢理直气壮地提出要求，更不敢坚持自己的要求。

她害怕自己的愿望会让关系破裂，不想在关系中被遗弃。把丈夫的高兴放在了第一位，而自己的愿望和需求则一直被压抑，然而她越是想要讨好丈夫，越是忽略了自己。她无法直接去用行动逐渐达成愿望，最后只能通过愤怒、埋怨攻击对方。

没有被看见的生命力会转化为破坏性的力量。就如同我这位朋友，她的愿望、需要，一直没有被看见，尤其是没有被自己看见，渐渐转化成了怨恨。

朋友的丈夫也觉得愤怒，他说不买，当初妻子也默认了，为什么现在都是自己的错。

你看，顺从未必会让别人更加尊重你，等待，尤其是等待别人做出决定，也同样未必会让自己心满意足。重要的是，要看到这个旧模式带来的困境，如果不改变，只是悲伤又无意义的重复。需要在这里做一个转换，即由被动到主动。

主动去寻找其他能给你价值认可的人和事，这包括去做让你感到快乐和有意义的事情。直到你觉得足够可以为止，这可以帮助你确认自己的需要是值得尊重的，也会帮助你了解自己的独特性，确认你的存在本身就是有价值的。

要意识到，发出自己的声音，是内在生命力的表达。当我们能够尊重自己这些需要和感受的存在，它就不至于发展到破坏关系的程度。

如果你曾经被贬低、被打压、被忽视，确实会影响你的自尊，你可以愤恨，可以沮丧，可以哀伤，但是请别放弃希望，试着从伤痛的裂缝里开出一朵小花，那是最值得尊敬的生命力量。

学会清晰地表达

学会去要的第二点：使用"我要……"句式把自己想要的东西清晰、具体化地说出来。不能表达的人，通常使用的句式是间接式的。比如，明明很想要一个包包，说出来的却是"这个好漂亮啊！"这个时候，我们可以直接说："我喜欢这个包包，我想要买下它。"能明确自己喜欢什么、要什么，是主体性更加稳固和成熟的表现之一。这个明确非常有价值。也只有明确了这一步，我们才能够在现实层面实现它。

当一个女孩看到喜欢的东西，而又碍于各种原因，顾左右而言他时，如果男孩直接买给对方，这种方式带给女孩瞬间的快感冲击是很强烈的。很多女孩会因此动心。

其实动心的是什么呢？只是一个包包？当然不是，动心的是背后的这种我想要，瞬间就被满足的感觉，是这种我一有愿望，就被看见了的感觉。这个感觉也是最初母婴关系的强烈感觉。这么深的连接感被激活，女孩在看男孩的时候，就像看见了那个满足她愿望的母亲或者父亲一样。自然会觉得距离近了。

如果，你的另一半不愿意满足你，没有关系，你自己也可以是那个能满足自己的人，还可以请其他人送给你。总之，要发出自己的声音，哪怕是带着自己的些许恐惧，也要去要，这是你跟这个世界的真实互动，也是你向这个世界发出的攻击性。这种力量要能够被自己感觉到。

前面，我列举朋友的例子，她后来也用到这个方法，在关系中使用"我要……"的句式。朋友说想过之后，觉得自己就是有价值的存在，自己要为自己发声，学着为自己负责，把自己的想法和愿望说出来。

她觉得把主动权拿回来是非常重要的策略，原来以前那种间接方式阻碍了自己的获得感，也让自己总是体验到没有价值的无力感和羞耻感。现在她看上一件漂亮衣服，想让丈夫买，就直接说："我希望你为我买这个单。"她想要去旅行，就跟丈夫说："那个时候，我要去旅行，我们需要计划一下。"如果丈夫不能陪同，她也能接受。

反倒是她这么调整好了之后，她的很多想法都得到了丈夫的支持和呼应。他们的关系清爽了很多。夫妻间的埋怨也少了，因为每个人都明确地表达自己的愿望，并为这个愿望做努力，这个感觉实在比以前好太多了。

虽然这个朋友还是会有埋怨的时候，但是当她开始为自己负责任、提要求的时候，她显然也更幸福了。

再分享一个我自己的经历。

有次，我和老板谈合作薪酬，也是用了同样的方法。老板在薪酬给付上面说得比较模糊，让我感觉有很多不确定性。因为我很清楚自己不喜欢在一些重要的事情上含糊不清，我需要有清晰的边界。

但内心还是有些犹豫，毕竟对方是我的老板，总有一种参加这个项目是对方看得起我的想法。这个压力被我感知到之后，我认真在现实层面上确认了，是不是只是老板单方面看得起我。答案显然是否定的，我相信我们双方都有彼此需要的价值。

在这个思考和确认之后，我决定直接表达，我的需求是什么。这些需求非常清晰、具体化，包括付款周期、支付方式等；包括我为什么要在项目开始前就谈好这些，我认为真诚直接的表达会让我们双方的沟通成本降至最低，当这些内容都达到双方都能接受的一致时，我觉得自己可以全身心投入合作了。

那复盘一下为什么我可以直接和老板谈合作薪酬呢？因为我在心里确信自己的价值。老板邀请我参加这个项目，也意味着我的能力是被认可的。如果薪酬问题没有清晰地达成一致，我就会卡在这个地方，思来想去的情绪也会消耗我的精力，即便我进入这个项目，无意识可能会让我无法提供与我的能力相匹配的价值信息，反而对项目的效果产生影响。

我直接并且坚定地提出我想要什么，可以让双方都能够清晰了解彼此的想法，减少猜测、减少幻想，这样才能把焦点聚焦在如何解决问题上，效率也会更高。

接纳自我羞耻感

当我们向这个世界发出自己的声音，表达自己的愿望时，最担心的事情是什么？可能很多人会说，害怕不被回应，害怕被拒绝，这个感觉的更深一层，是羞耻感。这是一种特别难以忍受的情感体验。

美国罗切斯特大学临床心理学家格森·考夫曼在《羞耻心理学》中写道："羞耻是灵魂的疾病，它是自我体会到的关于自我的一种最令人心碎的体验。羞耻是我们内在感受到的伤口，它把我们和自己分开，同时也把我们与他人分开。"看过这段文字，我感到一种心痛的感觉。同时，我也觉得这是一个非常有温度的描述。

我们每个人都体验过这种心碎的感觉，这种感觉令人觉得自己很不好，很糟糕，很想逃跑，大家很熟悉的一句话"恨不得钻到地缝里去"很形象地描述了这种感觉。这种不好，会造成内在自我的一种崩解感。为了应对这个感觉，人们常常会使用沉默、愤怒、指责，甚至暴力等方式，这让我想起我们有一个词语：恼羞成怒。

这些愤怒的背后潜藏着深深的羞耻感，这也是为什么很多人在被拒绝后暴怒的原因。当一个人内在的羞耻感特别强烈，体验羞耻感的阈值又比较低的时候，更倾向于不把自己的想法表达出来，更不会主动去要。这种防御显然会阻碍我们表达自己内心的想法和愿望，这就需要想办法把这个阻碍移开。

我有一位朋友，曾经是销售冠军。我们经常一起逛街，她非常会谈价格，除了杀价策略很专业，更令我佩服的是她的心态。每次谈价格从来不急不缓，一步步探到对方的底线，哪怕谈不拢也没见她生过气。我对朋友的理解就是能够接纳自己的羞耻感，她不会因为对方给出一个很高的价格，就升腾起不配感，她也不会因为对方说给出的价格太低而觉得自己不好。她谈价格的时候就是冲着心里的价格，不会轻易认同对方投射出来的任何不好。这种情况下，她会很轻松地给出自己的出价，努力为目标谈价。我这位朋友特别清晰地知道自己想要什么，又该如何得到。

如果你的羞耻感阻碍了你的表达，该如何改善呢？这里我提供几个建议。

第一，了解自己的情感反应模式。当你知道那种心碎的感觉就是羞耻感时，反而更容易去接受它。

第二，对自己宽容一些，不要苛责。羞耻感伴随着对自己和他人的攻击，其中主要原因是认为自己不够好，当这种感觉让我们感到不舒服的时候，羞耻感诱发的攻击性会转向外在的他人。当你觉得自己做得不够好的时候，请允许、宽容自己的小小错误。

第三，学着从不好的感觉中跳出来。当对方把不好的感觉投射给你，让你感觉羞耻时，拒绝这种投射，坚持自己的想法和立场。同时试着给自己更多的鼓励，当你成功地表达自己的想法时，不要忘记为自己感到骄傲。这种骄傲的感觉可以中和不好的感觉，增强你的自尊感。

第四，也是我们在前面的内容多次提到的现实检验。很多时候，我们的羞耻感也来自内在的无意识幻想，同样需要你在现实中加以确认，在真实的生活里照见江湖。

本节要点：

学会去要的第一步，就是坚信自己的价值。

学会去要的第二步，用直接的方式说出具体明确的内容。使用"我要……"的句式。

学会去要的第三步，接纳、驾驭自己的羞耻感。当一个人内在的羞耻感特别强烈，体验羞耻感的阈值又比较低的时候，更倾向于不把自己的想法表达出来，更不会主动去要，尝试着接纳、驾驭自己的羞耻感。

二、守：学会说"不"

"不"这个字，说出来是不容易的，却是令人振奋的。因为"不"这个字意味着宣告个体的独立，意味着你是自己领土的国王，也意味着你能用自我力量捍卫自己的利益。

说"不"的背后，有一个支撑，即守住你的自我边界。

我在这本书前面的内容中对于边界谈了很多。当自我边界被侵犯，攻击性作为一种保护性力量就会出现。如果无法表达出攻击性，也就没有了防御能力。他人的一句话可能就像一阵狂风，如同小树苗的自我瞬间就会被摧毁，但是如果自我如根深叶茂的大树，狂风袭来也只不过是摇摆一下。当自己扎根于大树之下，你就有了强大的自我防御能力。

守住自我边界

没有人愿意别人侵入自己的边界。

守住自我边界很重要的一点，是明确自我的边界。知道哪些地方归属自己，哪些地方不归属自己，归属自己的部分，他人入侵时，理直气壮地拒绝；不归属自己的部分，不要侵入他人的边界，尤其要管住自己的嘴巴和手脚。

分享一个我自己的例子。

刚结婚不久，先生跟我说一个亲戚结婚，我们需要给礼金。他已经和母亲（也就是我的婆婆）商量好了。意思就是通知我一下，没我啥事了。这怎么行呢？既然我们现在已经结婚了，这件事理应由我们两个人来决定给多少礼金、给谁、什么时候给，而不是我先生和他母亲的事情。

回想起来，刚嫁进门就遇到了权利与边界的挑战。我对先生说，你和亲戚从小一起长大，感情很好，礼金当然应该给。我能理解，也能接受。但我认为这件事情应该由我们来决定，而不是你和你母亲来决定。我们是夫妻，这是我们共同的经济支出，我才是我们这个小家庭的女主人。

如果你母亲是以他们的名义送礼金，动用他们的支出，征求你的意见，我完全支持。

我清晰地表达了自己的想法意见，先生也明白并尊重了我的权利和边界。后来，我当着婆婆的面说了同样的话，婆婆也表示赞同。要补充一点，我婆婆也是比较明事理的人，她大概也没有想到，我刚嫁进来就用这么强有力的方式宣布主权。从那以后，先生家亲戚给孩子的压岁钱，婆婆都会如数交给我，她很尊重我在这个小家庭中的位置。当然，我也不会侵入她的边界，同时尊重她作为先生母亲的位置。

我自己的经历带来的经验就是：尽早确立主权位置和边界——我们是夫妻，我是这个小家庭的女主人，这件事理应由我们夫妻来决定，而不是他人。

找准最好时机

拒绝时，时机非常重要。在我看来，说"不"的最好时机，是在他人入侵的萌芽状态，就行动，要诀就是快、准、稳。

还是我自己的例子，如果当时我忍着不出声，不提出异议，不表达出自己的真实的想法，只是生闷气，事情并不能得到有效的解决。

只是幻想他们会考虑我的感受，只是在心里希望他们征求我的意见，给到我尊重，而到下一次，他们依旧如此时，我的不满会愈加强烈。

这就是我所说的时机，幻想终究只是一个幻想。没有行动，就没有落地。换句话说，当先生和母亲商量之后才通知我，已经显现出了无意识侵入我的边界，如果我不提出异议，下一次依然会如此。所以，在最初发现侵入边界的萌芽时就要果断地表达自己的立场。幻想他人会为你改变，这个代价太大了，你必须勇敢地捍卫自己的边界。

这里需要提醒的是在守住自己边界的同时，也需要驾驭自己的敌意。运用有策略的方式为自己赢得有利的时机，可以使用："我理解……，但是我……"这样的句式。比如，在刚刚提到的例子中，我很清楚自己的边界，但是如果一开始就带着敌意责备先生，这件事你为什么不和我商量，你眼里有没有我这个妻子，诸如此类的指责。一方面会给自己捍卫边界带来阻碍，另一方面也会带来关系的冲突。很多人在这时候会使用暴力指责的方式进行反击，甚至说出口的话非常伤人，这种充满敌意的方式，也会引发对方的暴力反击，往往会让自己处于非常被动的位置。

你可能会困惑如何优雅地表达攻击性。其实就是把障碍移开，你就有空间优雅了。如果你处于敌意失控的状态是不可能优雅的。失控意味着没有空间容纳和消化自己的情绪，也没有空间容纳对方带来的攻击，这时候只能是纠缠、扭打或者沉默、逃避。把握时机时，需要花一些时间让自己缓冲，把自己的愤怒放一放、缓一缓，缓到自己有空间可以处理才是最适合的时机。同时，在表达的过程中也给对方留有空间，在彼此的关系中找到一个平衡点。这时候，还需要做的事情是理解对方的想法和愿望。比如，我对先生说："你和那个亲戚从小一起长大，感情很好，礼金当然应该给。我能理解，也能接受。"当你允许对方的情感愿望存在时，对方能够感受到自己被看见，这时也更容易接受你的想法和愿望。

你可能会说："我缓了好久才有点空间，侵入边界的萌芽状态早就过了怎么办？"我想说无论外在时机多么合适，如果你自己的状态跟不上，就不能算是好的时机。我们说的时机是你处在一个相对稳定状态下的机会。如果一个外在时机到来时，你还没有能力准备好捍卫自己的边界，不要责怪自己，可以再次创造新的机会。

承受自己的内疚

当你说"不"的时候，同样重要的心理准备是承受自己的内疚。很多时候，我们往往难以拒绝他人的要求，决绝地在某种程度上有伤害了别人的感觉。这种内疚的感觉会令人很不舒服，也混杂着自己不够好的羞耻感，甚至是亏欠他人的自责，会令人特别焦虑。

有一次，我参加美国精神分析家阿琳·理查德（Arlene Richards）的团体督导时，我们谈到来访者的内疚与咨询师的内疚时，她这样对我们说："比起我们遇到的疑惑、恐惧，内疚是一种难以消化、更消耗个体的情感。这种情感中饱含了爱。"在那一刻，仿佛我的内疚痛苦都被接住了，它变得没有那么难以面对了。我相信，当你拒绝他人的要求，内心升起内疚时，其中也饱含着爱。很多时候，我们担心拒绝他人会失去对方的爱，所以一直委曲求全。这是真的吗？还只是一个幻想。就像我在前面一直强调我们需要在现实中去检验。事实上，你的拒绝并不会毁掉给予对方的爱，也许他们只是在那个瞬间感到不舒服、不习惯，甚至极度的挫败。

我有一个朋友，她本来有份"铁饭碗"的工作，却并不喜欢这份工作，一直郁郁寡欢。最终，朋友选择离职，家人知道后，双方大吵了一架。父母觉得供她上学不容易，好不容易找到"铁饭碗"的工作却要离职，觉得女儿不体谅父母。朋友也感到非常愧疚，但是自己实在无法忍受那样令人窒息的工作氛围，离职也是为了自救。离开这份"铁饭碗"的工作之后，朋友做起了喜欢的画画工作，虽然收入不稳定，但是真心喜欢。她与父母的关系在一段时间的冷却后，也慢慢回暖，父母虽然还有些生她的气，随着时间的拉长也没有那么强烈了。

起初，朋友觉得父母肯定永远都不会原谅自己。直到后来，母亲主动询问她缺钱用吗？她才觉得自己对于父母的爱有一些误解。有时候，父母并没有你想象中那么脆弱，也没有你想象中那么残忍。其实，这是一个皆大欢喜的结局。在我们的生活中，很多时候卡在了失去爱的恐惧幻想之中。这时候，你需要明确自己到底想要的是什么。如果你想要独立的自己，那么可能需要一些冒险，一些可能会被遗弃的风险，一些会被不爱的风险。只有蹚过去，才看得到后面的风景。如果你想要那个被爱的感觉呢，哪怕那是一个幻想，那也是可以的。因为那是你的人生，你有自己做选择的权利。

我相信，你能够通过勇敢地表达自己，为自己争得更多的自由和尊严。希望你能够在这万千纷繁里，找到你自己，稳住你自己。不畏将来，不畏现在。

本节要点：

守住自我边界的第一件事就是明确自己的边界。

当你说出"不"这个字的时候，更重要的是时机。我认为最好的时机，恰恰就是当你感觉归属自己的部分被他人侵入的萌芽状态，要诀就是快、准、稳。

守住自我边界的同时，需要驾驭自己的敌意，运用有策略的方式为自己赢得有利时机。

当你说"不"的时候，同样重要的心理准备是承受自己的内疚。

三、道：学会去爱

前两节中，我们分别谈了如何去要、如何说"不"。这一节，我们来聊聊如何去爱。

爱是什么？人本主义大师罗杰斯说，爱是深深的理解与看见。看见一个人，看见他的快乐、他的忧伤、他的渴望、他的愤怒、他的挫败、他的彷徨、他的恐惧，他的所有……这是对一个生命的深度理解。我们每个人，都渴望爱，也渴望被爱；渴望看见，也渴望被看见。

攻击性又是什么？攻击性是没有被看见的生命力。武志红老师把它称为"黑色生命力"。这股生命力含有强大的力量，运用得好便是创造力，相反会变成破坏力。所有的攻击性都可以会聚到一个点上，这个点就是想要却不得。

很多人会说"我想要，却不行"。我想要朋友尊重我，对方却忽视我；我想要孩子回家看看我们，可是他却只跟女朋友在一起，连个电话也不往家里打；我希望老公有空能够陪陪孩子，可他总是那么忙，还对我发火；我希望我的领导公平处事，他却一味偏袒。于是，没有被看见的我们，很失望，很生气，很愤怒，心里一团团火各种乱窜，无数次举起恨的利剑，想要把那些让我们不爽的人或事给消灭掉，只差付诸行动了。

恨因爱而不能，武志红老师这么说道。我第一次看到这句话，是多年前他正在给一个粉丝的书做签名，这不是写给我的话，但是我却感觉自己得到了礼物，仿佛那片黑色的森林有一丝光亮飘过。就像等了很久，终于有一个人理解了我的痛苦。那一瞬间，很美好。那一瞬间，我感觉到被看见，甚至我感觉到被爱。文字有这样强大的力量。我相信，很多勇敢的灵魂在文字里找到过慰藉，那些灵魂曾经在很深的地方遇见。

这深深的理解，让烦躁的心情慢慢安静下来，那些想要攻击的冲动，在无声息中缓了下来。攻击性，起初就像是一个顽皮淘气的小孩，捣捣乱，撒撒娇，耍耍赖，为的就是"让你关注我、看见我、理解我"。当无数次的信号没有被读懂，渐渐地，攻击性由淘气的小孩变成了叛逆的少年：什么都要对着干，说什么都不要听，我要自由、潇洒、满足。此时攻击性变得让人难以驾驭，仿佛一个胀满的气球，一戳就爆。可是当爆炸真的发生时，除了有很爽的感觉，也有很害怕的感觉。爆炸之后，自己也很受伤，甚至会觉得很空虚。

可以说，一个人的攻击史，就是一部丧失史。攻击性里面的破坏性有多强烈，丧失感就有多强烈。一个人最大的丧失，就是失去爱。失去心爱的人，失去心爱的物件，失去爱的能力。既不能爱他人，也不能享受被爱。这个感觉是很痛苦的。丧失，就像一个巨大的空洞，吞噬着一个人的心，同时也是一个巨大的障碍，阻止了人们去爱。

学会去爱，需要面对惨淡过去，哀悼过往丧失

来给大家讲一个故事。

一个姑娘小时候被送到不同的亲戚家寄养，好几年之后才回到父母身边。那时她已经学会了看人眼色行事，很精准地读到大人的高兴与不高兴，甚至是很本能地配合父母的愿望，做一个特别乖巧懂事听话至极的孩子。这个女孩长大后，变得烦躁易怒，对他人总是充满敌意。她不知道怎样感受善意、感受爱，也不知道怎样爱他人，她最擅长做的就是迎合别人，一段时间后暴怒，然后毁掉一段关系。

当年被寄养的经历，在她的体验里，是被父母抛弃的噩梦。她无数次坐在门墩上，祈求来探望她的父亲带她走，可是直到她睡了一觉醒来，她还在门墩上坐着。她绝望地认为，是自己不够好，所以父母才把她放在亲戚家。她说不恨她的父母。因为，在她的记忆深处，她盼父母都盼不到，爱都还来不及，谈何去恨，又怎么舍得恨？

恨，似乎意味着，我们内心一直想要保留的爱消失了。就像这个姑娘说：“我舍不得恨。我都没有享受多少温情，我还来不及被爱，我怎么舍得恨啊？”

其实，不是不恨，而是不敢恨。这个姑娘对于被寄养的

体验，她的感觉是失去了父母的爱。这个丧失一直在折磨着她，她也一直让自己陷在自己不够好、没有价值的旋涡里，卑微与愤怒叠加在一起，让她近乎发狂，她一次次攻击周围的人，也一次次地攻击自己。

当她来到我的咨询室，她带着同样的讨好，却也充满着敌意。她认为我也是那个让她依恋，同时又会抛弃她的父母。她希望我理解她、看见她，同时很恐惧我离开她。

我们花了很长时间，反复确认，逐渐建立安全的关系。到我们的关系越来越稳固的时候，她终于有信心表达恨的感觉了。那是一段很煎熬的时光，因为，恨并不容易。她开始能感觉到恨父母，从此开始，甚至恨身边的所有人。最后发现，她最恨自己，恨自己无能为力。

恨，是对自己的攻击，也是对关系的攻击。恨，使得她不能去爱，不能享受爱。她必须经过这条隧道，就像一个暗夜骑士，必须为自己出征。

而我，是那个陪伴她的人，纵使我明白她所有的痛，也不能够代替她，我只能陪着她，累了，歇一歇；痛了，缓一缓；悲伤了，哭一哭。就这样一遍一遍、无数次地经历疼痛，无数次地擦干眼泪，往前走。

有一次，她跟我说："我觉得生活有一点希望了，我觉得看得见一点光亮了，我觉得没有那么想发脾气了，我觉得别人的笑变美了。我觉得，来见你，有点幸福了。"我想这是一个很重要的转变，是在这一次又一次爱的陪伴里，那个称为"恨"的部分悄然间发生了变化。她内化了这些爱和美好，看到周围人的时候也渐渐能感觉到美了。

有很多朋友问，怎样面对丧失？我想我们可以从上面的故事里寻找到一些经验。

你需要有安全的关系，这样悲伤才能够慢慢流动起来，情绪慢慢释放，关系慢慢亲近。而在这段关系中对方能够承接得住你对他的攻击，无论你多想离开他、破坏他，他都在那里保护你。他还能够理解你、陪伴你，看得见你。

这样内心的防御才能够慢慢卸下来，才能够有勇气去谈论那些过往。让那些经历里的情感得到一次次重新释放的机会。那些恨，才有可能慢慢地软化，慢慢地转变，而这就是爱不断地转化攻击性、转化恨的过程。

恨因爱而不能。攻击性因恨而生发，如果你有爱灌注进去，恨就会慢慢被消化掉。攻击性中的破坏性自然也跟着就消失了，随之而来的是创造性。我自己的孩子和我的来访者经常会让我感到惊喜，当他们被爱，那种创造力真是让人赞叹。

同时，关系的存在，构建了一个新的可能，给了一个新的视角，并不是所有的关系都像曾经经历的那样糟糕。

在一个人有力量之后，再回过头来看父母，就会更有空间，不只是看到父母抛弃了她，还看到父母在竭尽全力地过好生活，尽早地想把她接回去，也看到父母那种对生活无能为力下的坚韧。那些漫天的恨从他们的身上划过，到了尽头，原来是："我那么深爱你。"

我觉得找一个靠谱的心理咨询师是面对丧失与哀悼的方式之一，虽然我不认为这是唯一的方式，但我仍然认为这是最合适的方式。之所以这样说，是因为当心中的恨意，或者破坏的力量升起，身边的人对这个过程不了解，或者他们因为自身的问题，而承接不了你的恨意，那可能会令你感到失望，也让双方都感到受伤。这对关系来说也是非常大的挑战。

这种丧失，也是一种养育创伤，咨询师是在比较专业的框架下，有边界，有团队支持（如有自己的督导、治疗师）的情况下，来跟你工作的，如果关系联盟建立得稳固安全，是非常具有疗愈作用的。

当然，因为不是唯一的方式，我也鼓励大家在生活里，多去展开你们的生命力，建立越来越丰富的关系。这些有价值的关系总是能够滋养到我们，让我们获得更多的力量，去面对那些惨淡的过去，以及艰难的当下。

放松自我身心，内心安住当下

学会去爱，有一个很重要的技巧，就是放松自我身心，内心安住在当下。

这是一种临在的状态。敞开你的心，当下的每一分每一秒，都值得我们去触摸、去连接。我建议经常走神的朋友可以先做呼吸静心，即在你觉察到走神的时候，用腹式呼吸把自己带到当下的时刻。感觉一下自己身体的每一个部位，使他们都尽可能地放松下来。可以放一些舒缓的音乐，帮助自己，这个过程中，如果脑海里有一些念头飘过，也没有关系，只是试着不断地尝试让自己回到这个当下。当你让自己的身体放松了之后，会更容易去和他人建立连接。

我印象最深的一次感受到爱是在一个周末的午后，我陪孩子们一起荡秋千。那一天，也是我的休息日，我决定好好地享受跟孩子们在一起的时光。在出发之前，先做了一次呼吸静心。我感觉到我身体的存在，感觉到我的心，我的存在，就在那个当下。

静心结束，我们走出户外，我尽情和她们一起荡秋千，和她们一起唱歌，参与她们的游戏，自己全情投入其中，如同每次与来访者会面时那样。那个过程中，我能感受到周围树叶轻摇，叶片绿得发亮，鸟儿偶尔从头顶飞过，树叶缝隙中透过的阳光洒在我和孩子们的身上。后来女儿对我说："妈妈，我今天感受到了爱。"

我记得那个下午回到家，一切都顺利极了，她们也不跟我哭闹，也不跟我顶撞，就像是玩得超级开心，无论我们一起怎么都觉得很愉快、很舒服。这个时候，破坏性早就无影无踪了。

孩子心总是敞开的，他们什么都知道。我们是不是在当下，是不是跟他们的心在一起，他们凭感觉就明白。我能这样说吗？那天那个下午，同样非常滋养我。让我想起多年前跟儿时伙伴一起玩耍的时光，虽然没有父母在场，可是我们自己玩得那么尽兴。那同样是一种当下在一起的爱的感觉。

在我的舞动工作坊上，在大家连接身体，尽情释放之后，我会邀请他们讲一个故事，或者画一幅画，每一幅画里都有一个故事。每个人的故事都非常具有创造力。唯有你去投入，你才知道深深地浸入当下的感觉是多么美妙、多么有感染力。

邀请你们都来尝试，先让自己身体放松，再美美地与自然连接，与当下连接。

带着恐惧连接，表达你的善意

学会去爱，最后一条建议是带着恐惧与他人连接，主动表达你的善意。

有很多人是很恐惧亲密关系的，所以总是会在关系里保持距离。远一点的关系，的确是相对比较安全的。但是也让人非常孤独，有的时候甚至是非常空虚。

　　怎么办呢？因为恐惧，就不去连接了吗？不是的，大多数人是又渴望又害怕的。那么，除了找一个人看见你，不断地在关系里修复那些伤口之外，我们还可以做的是，让自己变得再勇敢一些，带着恐惧，主动表达你的善意。

　　可以使用的语言表达方式是：描述一个相处的过程，共情对方的感受，同时将自己的感受也一并描述出来。

　　再给大家讲一个我自己的小故事。几年前，我妈在我妹妹还没有找对象的时候，特别焦虑。但是我妹妹经常不跟她说这些事。她就找我，非要我介入这件事情。大家都能感觉到这种张力，我其实很不愿意靠近这个感觉，甚至有点恐惧她把这个压力放在我这里，同时也不愿意给妹妹压力。

　　于是我就跟我妈说："你跟我说的时候，我也感到挺着急的。我知道你是想帮她。"此时，"妈妈很焦虑"这样的话就不要说了，因为她一定会说她不焦虑，她需要这样的防御，"但是，你想啊，咱们的目的是要帮助妹妹，这么一催，不但帮不了她，还可能会让她讨厌咱们。你说咱们不是干了一件吃力不讨好的事儿吗？她有她的节奏，咱们慢慢等着就好了。"

　　我一说这样帮不了妹妹，我妈立马就明白过来，这个方式不可行。后来再也没有拿这个事儿要求我了。

　　我的经验是，保持自己的善意，相信对方是有一个值得尊重的愿望的。比如，我妈，她就是想关心妹妹，也想让自己不要太焦虑了。看到这一点，对妈妈的烦，就消散了很多。那种想要逃离的感觉也没有那么难以忍受了。可是，如果我跟妈妈发火，贬低她的愿望，甚至斥责她怎么是这样一个讨厌的人，其实我的内心并不会好受到哪里去。我可能会又恨又内疚。这个感觉并不会滋养我。也不会增加我爱的能力。

记住要表达自己的想法，让自己在这个关系里有一个存在的感觉，这会让我们自己有力量。同时当我们带着爱做这些事情时，也会让我们身边的人感觉到被爱、被滋养。而我们自己也会因这件事有一个妥善的回应和处理而更加舒服。

我对爱的理解，就是我心里想着你，念着你，支持你，满足你，尊重你，陪着你。也愿这本书也能够带给你陪伴，带给你爱。

本节要点：

爱是什么？人本主义大师罗杰斯说，爱是深深的理解与看见。

学会去爱，需要面对惨淡过去，哀悼过往丧失。

学会去爱，有一个很重要的技巧，就是放松自我身心，内心安住在当下。

学会去爱，带着恐惧与他人连接，主动表达出自己的善意。

互动：化解敌意，为自己的需求负责

这一节，我主要跟大家分享的是出击攻略，包括攻——学会去要；守——学会说"不"；道——学会去爱。

这三节分享之后，得到了很多反馈，而且是非常有力量的反馈。看来，朋友们在阅读了前面的内容之后，内力已经精进不少啊。

先来分享一些激动人心的留言：

"今早坐公交车，车上人很多，我站在车中间把手的位置，这是我一上车就选到的好位置，方便自己在中途下车，也能稳稳抓住把手，不会因为担心司机急刹车绊倒。我很喜欢这个位置。

不断地有人上车，有人往中间挤过来，我一点一点地往旁边的座位方向靠，肚子已经抵到椅子边了，仍然感到背后的人的背紧贴着我的背，我感到很压抑，很不舒服，几次转过头去看——是一位个子很高的男生。自己的情绪一点一点在累积，不舒服变成埋怨，还有点愤怒，想着我都已经这样让了，怎么还在挤我啊；想着算了，等到下车吧，都已经这么挤了，他肯定也不是有意的。

可是，我又想，我要为自己的需求负责呀，我自己不说，别人可能不知道对我的影响啊。于是，鼓起了很大的勇气，拔掉了耳机，转过头说："帅哥，我在不停地往后退，已经没法再退了。"

话说完，我感到没东西贴着我的背了，顿时感到一阵轻松。在接下来的二十分钟里，大多数都是我可以接受的距离，有时候他的背贴上来，我感到他努力调整着距离，不再贴着我。我很轻松，为自己的勇敢感到高兴，也为自己拥有的小小力量感到开心，谢谢我自己，谢谢老师分享的这些攻击性内容，我要学习着如何在冲突中表达自己。"

回应：

我也特别为你高兴。尤其是你说的"我要为自己的需求负责"这句话，让人感觉瞬间充满了力量。

你的分享实在精彩，从最开始的后退，情绪的积累，到敌意的升起，幻想的升级，另外一个声音的调和妥协，再到现实边界的回归，行动层面的实施，对方的反应、调整，最后妥妥地护住了自己的阵地。可以说是个经典的攻击性表达过程。

一个本来就选好的位置，是代表着自己的决定和需要的。如果这个决定对一个人来说是重要的，那么守也是很重要的。尤其是有其他人不断冲撞的时候（在此我们也可以把它理解为入侵），说"不"，就是为了保全自己，捍卫自己的边界，给对方施加影响，让自己处在一个相对安全和舒服的境地。

这个时候的心理建设就非常重要。可以有内心的各种幻想，但是请保持觉察，并尝试在各种幻想的混乱里，稳住自己的阵脚。让那些敌意消散，回到事情本身。就像这位朋友，我就是想站在这个地方，这个地方对他人、对自己都是非常合适的。我要为自己的需求负责，所以，我要说"不！"为自己的需求发出声音。

而且这位朋友在表达的时候，已经表示了理解：我知道大家都很挤，所以，我后退了，但是，我真的已经没有办法退了。也就是，我的极限到了。这个时候的表达就会非常直接有力，且考虑到了双方的需要。结果也令人欢喜。既没有招来对方的报复，也顾全了自己的利益。

这是一个成功表达攻击性的例子。

接下来，我们来看一下大家的困惑。

一位读者朋友这样留言：

"黄老师您好，我想请问一个问题，就是我有时候觉得应该攻击，但是放眼一看，好像别人都没事，就开始自我怀疑，觉得是不是自己特事儿。比如，在工作场合，有同事放视频或打电话声音大了，我就特烦，想说又觉得有点小题大做，怕表面的和谐被破坏，再说总不能每个人发出大的声音我都去说吧，很纠结，盼回复。"

回应：

这是在说"不"这件事情上很有困难的一位朋友。这个例子很有代表性，和上一个例子的不同之处在于，上一个面对的是陌生人的拒绝，而这个是要处理有一点熟的关系，这个关系里有一些直接或者间接的利益关系。所以处理上需要一些策略。

那么这位朋友，看到你的问题，我首先认为，在外在有一些变化的时候，你内在的战争就已经开始了。本来有一些不舒服，想要向外伸展出自己的生命力，但是很快，一个严厉的声音出现了："你这是个什么事儿啊！都小题大做，你这样会破坏表面和谐的，你不能这么干！"诸如此类，可能还有很多。这些都可以说是因为恐惧而生出来的一些幻想，又因为恐惧，里面同时携带了敌意的情绪。这个时候，如果你张口说，真的很有可能会出现你很不想看到、很糟糕的结果——同事远离，自己也折磨自己。

我不确定你们的办公环境设置是什么样的，有的地方，有很明确的管理职责，即相关上级会处理这些环境干扰，这样是对大家办公都有利的。这种情况下，直接跟领导反映，由他出面即可。

如果没人管，需要自己直接应对，需要考虑的是：什么样的时候对自己有利呢？

在我的经验里，敌意消散的时候会被认为是比较好的时机。

比如，如果你不含敌意，你表达出来的话语可能是这样的：亲爱的，我听到你放这个视频，感觉心思只想飞到你那里去看。这样，我干不了活，老板不会放过我。你能不能戴个耳机？

又或者：这个声音我听了心里发慌，可怎么办？如果你能将视频的声音关掉，这样我的心跳会变得平稳一点。我会很感激你。

这里面，就只是在说一件事情，以及这件事情对你自己的影响，表达你的愿望。不带有对他人的攻击、贬低、厌恶，这样你说的话更容易被他人接受。

带有敌意的可能是这样的：你有完没完，都放了这么久了，我受够了！

又或者是指责：你怎么这么没有规矩，你太不懂尊重别人了，你简直就是个眼里只有自己的自私小人！

大家想一想，这种方式，是非常容易引来反弹攻击的。本来是他做得不合适，最后还变成你做得不对，说也说不清楚，一肚子委屈。

关键点就在"敌意"这里。

而敌意，除了因为外在那些人的确做了一些不合时宜的事情影响了你之外，还有内在的攻击与消耗。

内在的声音在控制你，让你要忍住，不能生气，不能破坏。当你的感觉升腾起来的时候，被否定；当有想法出来的时候，被压抑。这个感觉是最痛苦的。因为敌人都在内部。你战胜了内在的敌人，外面的根本就不算是什么。

真正让你有敌意的是这些内在的声音，而这些声音，跟你的成长有关联。你并不是现在才有这样的反应，可能是很多次被打压、被恐吓，才会条件反射般地怀疑自己，否定自己。

你的纠结，是那个严厉的声音所代表的力量，和自我感觉所带来的力量的纠缠。它们没有达成一致，所以一直在战斗。而这两个方面都是一个人自我的一部分，它们需要在中间找到一个平衡。这并不容易，因为这会涉及个人成长的很深层次的原因。如果有机会，可以更深一点地去探索这个部分。在这里，我的建议是，尝试让它们之间"对话"，找一个相对安静的空间，放松自己的身体，让它们两个部分都分别说一说，将自己带入这个角色里面去，看看最后能够达成一个什么样的协议。

在我的临床经验里，即便是做这样的对话，都有可能是困难的。因为内心可能会涌出很多情绪、幻想，自己难以处理。如果感觉难度很大，还是建议到专业靠谱的咨询师那里去寻求帮助。

同时，我仍然要说，请对自己宽容一些。即便是自己没有期待中做得那么好，那么平衡，甚至还破坏了关系，也不要太责怪自己。表达攻击性，让自己变得更有力量的过程，很有可能遇到这些"破坏"，而你正是在这种"破坏"里逐渐地探知边界，不断调整自己的。

来看今天的最后一个问题：父母也需要为自己的生命负责。

"黄老师，你好！我是一名大四的学生。大学这四年，我可以说一直在黑暗中探索，为什么我和我的母亲的关系会变成这样，她总是在误解我的话、我的行为，而我能理解却没办法接受她的话、她的行为。

她可以在我和小孩子玩耍的时候，冷不丁地说我是个虚伪、冷漠的人，对自己的弟弟冷漠相待，但事实上，我很喜欢和我相差八岁的弟弟，而且我们的关系也很好；她可以在我因痛经倒在床上死去活来的时候说我在装，完全漠视我的痛苦……

这些在家庭会议上，我都有指出来，她的回答是我的父亲在外打拼不能顾家，她一个人有很多气没处撒，需要发泄，作为子女的我，为什么不能接受？这不是她的错。

我有尝试过设身处地去理解她这种我觉得不正常、不成熟的行为，可是我发现即便我理解了，我还是没办法忍受。我想问老师，在这种情况下，如果你是我，你会怎么处理？"

回应：

我相信，无论你做什么选择，都有自己的原因。而这些原因，是值得被理解和尊重的。

如果是我，我会想办法让我自己变得能干，能干到我能离开这个家，离这个可怕的妈妈远一点。

但是，每个人的经历都不同，选择也会不一样。所以，从哲学的角度来讲，没有如果。我的想法仅供参考。

我相信，你在和妈妈的关系里，已经尽到全力了。很多时候，理解不代表我能够接受。理解和接受是两码事。哪怕是亲爸亲妈，也是一样。人们很容易掉入一个陷阱：因为他们是我爸妈，所以什么事儿，我都得听着、受着、接着、忍着。这不是很可怕吗？孩子与父母的喜怒哀乐捆绑在一起，这就是一个典型的病理共生。

孩子被要求成为父母的情绪垃圾桶，妈妈还觉得理所当然。从这里可以看出，你的妈妈是一个无法为自己的情绪负责任的人，并且提出来了之后，仍然没有改观。而且显然这样的情况不是持续了一天两天，而是持续了很多年。

那么，你需要问一下自己：是否还对自己的父母有改变心存幻想？是否还打算继续拯救下去？

　　如果答案是，我觉得通过我的付出，妈妈会改变对我的看法，她会开心，会喜欢我。那么，可能就会继续陷在这种过度承担的循环里。这样做的好处是，不用面对内疚。

　　这也是很多人不敢离开的原因，觉得离开了妈妈就会死掉。虽然这基本上就是一个幻想，但是拥有真正恐惧的力量。因为这种恐惧，使得孩子离开时害怕面对内疚，而这个内疚就是：如果父母死了，我不能原谅我自己。

　　每个人都要为自己的生命负责任。孩子也不能为父母的生命负责任，他们必须为自己的生命负责任。

　　绝大多数人会想要离开，而在此之前，要做的事情是，让自己练就活下去的本事。

　　一个人不再需要依赖他人而活下去了，那么他人的生死就不会再成为一个威胁。

　　祝福你拥有一个充满力量的自在人生。

第八部分　攻击性的升华

一、定：心安住在身体里

说到"定"，我想到了另一种状态——飘摇，以及与此类似的恍惚、出离、混乱、惊慌、躁动，这些词汇都表达了与"定"相反的状态。这些状态，你肯定不陌生，甚至很多时候是生活中的常态。

在某个关系中，你是不是很容易被对方的情感意志牵着走？当时好像觉得哪里不对，等反应过来又不知道从何说起，心里堵得慌。这种没有被表达出来的情绪，就这样窝在心底，令人感到沮丧、不满，甚至愤怒，积压久了，你不是莫名其妙地攻击他人，就是闷在心里攻击自己。

被他人意志牵着走，意味着在这个关系里，你不能定住自己。好像对方有一种很强大的力量，犹如巨大的魔鬼，而你非常渺小，被俘获的你，随时可能被对方的意志吞噬掉，你随时都在被毁灭的边缘。

被恐惧如此压迫的人，怎么才能安定下来？似乎只能借由恍惚、出离、混乱、惊慌、躁动这些反应来应对犹如死亡般的焦虑。可以说正是这些焦虑，这些生与死的恐惧，使一个人害怕与另一个人真正地抗衡，从而无法表达出自身的攻击性，因为，这个抗衡根本不是发生在现实世界中，而是想象世界。在那个世界，只有怪兽与小白兔。

如果，在你的内心中还有一丁点"不"的火苗，就还有希望扭转自己的人生境地。这就是我要说的：学会"定"。那么怎么定？

你需要回到人间，而不是一直待在魔界，又或者地狱。在理念上，要清楚，你和他都是人。

这样你才能够从一个很渺小的点，变成一个大人，一个成人，才有应对的力量。而对方也不是怪兽（尽管他的样子看起来很狰狞），至少你要尝试不把他当作一个怪兽，这样你就不会那么害怕了。

那些很厉害的人，往往临危不乱，他们并非不恐惧，而是能够面对恐惧。

当人们呈现出明显不同于事实层面的恐惧，这意味着其感觉到的也不是事实层面的压力。比如，当看到一条绳子，有人会惊恐地跳起来逃跑，甚至有人会突然晕倒，这是因为在这些人眼中看到的不是绳子，可能是蛇之类的动物。他们对这类动物以及动物的攻击性极其恐惧，不能忍受。

而人们被恐惧笼罩的时候，其实是被幻想层面的恐惧裹挟了。这种恐惧威力巨大，它是现实困难与投射出的恐惧相乘的结果。可能对方只是提出了一个意见，又或是确实带有一点压迫感，但是你在感觉层面可能已经有了N倍的变化，变成了对方拿枪指着你要求顺从。这个过程就是被迫害的恐惧被激发而引发了一些幻想，其恐惧的情感是真实的，但离现实层面却比较远。

当个体所有的精力都在应对幻想中的恐惧，自然没有精力应对当下现实的困难。

我们之所以无法"定"，是因为恐惧扰乱了我们的心智。这就需要你移除幻想中的被迫害恐惧，为现实检验清扫障碍，在你的能力承受范围内，鼓励自己面对恐惧。

首先是觉知层面。当你感到慌乱、出离、恍惚、混乱时，可能意味着你内心正经历着恐惧。这时候，如果条件允许，可以找一个相对安全的地方，停下来，跟你的恐惧有一个连接。

你可以把手放在胸口，感受自己的心跳，也可以用双臂环抱自己的身体。尝试告诉自己，我知道了，现在，我有一个恐惧的部分在这里。我正在陪着你，我的恐惧。

这个时候，再运用腹式呼吸的方法，让身体慢慢放松下来，同时感受身边的空间，如光线、颜色、事物等。这种方式可以帮助你聚焦在当下，从恐惧幻想带回到现实之中。

其次是意识层面，区分幻想与现实。问问自己对方真的那么可怕吗？还是你在幻想中把对方想象得很可怕？

咨询中，我常常使用这种方式与来访者确认，这是真的吗？对方真的很可怕吗？这种确认可以帮助我们看清自己的幻想和恐惧，当你看清这些幻想，恐惧的力量也会逐渐变弱，你也更容易从幻想中走出来。

当你身处恐惧的幻想中，往往会歪曲现实。分享一个我女儿的例子。

大女儿上小学的时候，平时起床上学很自觉。一次，起床晚了，她很害怕，对我和她爸爸很生气。我们成了她恐惧的替罪羊。那天，她想找借口不去上学，逃过老师的责问。事实上，班主任从来没有批评过女儿，对于经常调皮的孩子倒是更严厉一些。这可能是让女儿感到老师有些可怕的原因。

我还是鼓励她去上学，并把她送到校门口，那时候已经迟到了。下午放学，我来接女儿，她看起来挺高兴。我问她今天怎么样？她说："老师只是说第一次迟到会提醒，第二次迟到会警告，第三次迟到放学留校打扫卫生。按规则来办就可以了。"

我问女儿，那你对老师的处理感觉怎样？女儿说："感觉不像之前想的那么恐怖。"

老师没有她想象中那么恐怖地对待她。在孩子的幻想中，她把老师当作了魔鬼，幻想自己被严厉地惩罚，而现实是，老师没有严厉地责罚她，只是提醒她下次注意，并告知了以后这类事情的处理办法。

借着这件事情，我对女儿说，你看每个人的反应不一样，对于你这样遵守规则的孩子，我倒是鼓励你迟到几次，大不了就是打扫卫生呗，也没有那么可怕。

她听到我这么说，状态也放松了一些。现实中很多事情都是如此，许多关系里的你死我活，是我们的恐惧扭曲了现实，使得我们无法面对现实。从幻想中回归真正的现实，就像女儿迟到了，跟老师道歉，接受迟到的规则，事情变得反而很简单。

面对和接受真实后果

学会"定"还有一个特别重要的部分，是对于真实后果的接受，通常，好结果皆大欢喜，都很舒服，最难的是最差后果的接受和面对。

比如，在职场中领导给你提了一个加班的要求，你并不想去。这个情境下，我们来看一看两种可能的情况：领导开明，接受你的想法，也不为难你；领导不高兴，你可能要面临一些惩罚。

问问自己，如果是最差的情况可以接受吗？如果可以接受，你会更加坚定自己。比起被动等着惩罚，面对是更加积极的态度。同时还会有精力来思考，如何去拒绝以及采用什么策略可以保护自己的利益。

一个朋友是董事长助理，通常她的职责是直接接受董事长的领导，但是有天，董事长又交代公司总经理也可以安排她工作，朋友感觉职责有些混乱，内心很抗拒，但是又无法直接拒绝。

朋友跟我吐槽，那个总经理很强势，什么事情都必须听他的。这让我朋友再一次体会到你死我活的感觉，她很想逃离。我问她："那你觉得最差的结果是什么？"她说："那就是离开。"我说："那你能接受吗？"她犹豫了一下，坚定地说："能。"我说："好！那咱们就来看看应对策略，尽最大的努力，做最坏的打算。这就是你的底线。"

我们一番分析之后，决定将沟通的对象锁定在董事长身上，因为董事长是一个非常明事理的人，与他分析这个事情的利弊，有助于事情的达成。我对朋友说："真诚表达你自己的想法、思考和意愿，毕竟你是董事长助理，你的主要工作对象是董事长，要是你被其他事情占用了更多精力，使得主职工作质量下降，那将直接影响到董事长的利益。而且董事长助理不是人人都能够有能力胜任的工作。清晰自己的稀缺性，而总经理需要安排的事情，另外找一个人相对容易很多。"

我朋友听了之后，立马就有了力量感，感觉自己稳定了很多。因为对于最差结果的接受，使得她放松了很多。我们也有这个时间、精力来分析对策，处理这个困难。

过了两天，朋友告诉我事情搞定了。根本没有和总经理有任何交锋，只是按照既定策略和董事长沟通，董事长表示理解，并尊重朋友的意愿和建议。

我们说学会"定"就是需要尝试着对自己肯定和认可，任何时候不要因为他人一句话轻易否定自己。

有一位女孩说，她妈妈经常指责她忘恩负义，她很伤心。这句话简直就是一个紧箍咒，把她牢牢拴住。以至于做什么决定，她都会为这句话妥协。这实在让人心痛。

我们站在这个女孩的角度来看看，你对自己的评价是怎样的？你真的是那种不闻不问，忘恩负义的人吗？如果你觉得是，那就接受这个现实，该怎么过就怎么过。如果你觉得不是呢？你是不是要让对方改变对你的评价，你才会罢休呢？这个时候，慌乱已经发生了。你最想要的最能够控制你，你跟自己远了，你被一个评价带走了，你成了她们眼中的那个谁。

其实，你只是你自己，独一无二的自己。他们说的，也只是他们眼中的那个人，不能代表你。请让这部分远离你。心理学上有一个防御机制，称为投射性认同。放在这里，就是妈妈向孩子投放了一个忘恩负义的样子，如果孩子去认同自己也是忘恩负义的，这个投射认同就发生了。这个时候，孩子已经不是自己，成了妈妈眼中的那个人。但是如果孩子不去认同，则这部分投射的能量就不会影响到孩子。

我们每个人存在于这个世界上，根本没有人可以定义另一个人。每个人说出来的都是只是他们眼中的那个样子，这个样子带有很多他们自己对这个世界的看法、理解。这跟另一个人真正是什么样子，是有差别的。

稳定住自己！任何时候，要有自己存在的感觉、自己的想法、自己的意志。

当生活里，你越来越能够有掌控感，能够跟自己在一起，能够照顾自己的利益，使自己过得舒舒服服的，就越不会想要攻击社会、攻击他人。而当他人来攻击你的时候，你也有力量稳住自己。

本节要点：

如果你的内心中还有一丁点"不"的火苗，就还有希望扭转自己的人生境地，这个方法就是学会"定"。

恐惧会扰乱我们的心智，当你所有的精力都在应对幻想中的恐惧，自然没有精力应对当下现实的困难。

在觉知和意识层面区分幻想与现实，接受和面对真实的后果，任何时候不要因为他人的一句话轻易否定自己。

二、容：创造内在空间

前一节中，我们说到了"定"，其聚焦的核心是恐惧，这节"容"的内容，我们将聚焦于空间，也是对上一节内容的扩展。

空间的另一面无空间

说到空间，我想到的也是它的另一面，没有空间。这是我们很多人在受到攻击，或者攻击他人时经常遇到的一个缺失。

在咨询室里，一个来访者跟我说，她和自己的小孩出门，不小心碰到了别人家的孩子。对方没有受伤，但是破口大骂。我问她："你感觉如何？"她说，她那一刻是呆住的，她没料到别人会突然破口大骂，她被吓到了，没有空间处理这个困境。事情过去几天了，她好像才开始复苏，感觉自己被羞辱了，也感到愤怒。但当时，她没有办法有反应。

没有空间，就像是被逼到了一个狭窄的缝隙里，这种时候，被挤压、局促、憋屈、无助、绝望一瞬间像洪水一样扑过来。这种感觉，是一种死亡即将到来，仿佛一切都快要不复存在的恐惧感。其内在自我到了快要崩解的边缘，甚至已经崩解。

有一个姑娘，只要别人一说话，她就感觉自己像是被带走了一样，只顾跟着奔跑。一场对话下来，早已是精疲力竭。得在家躺一天，才能缓过劲儿来。她这样描述那种感觉：那是一种突如其来的失控感，好像刚开始还在陆地，瞬间就进入了白茫茫的空间，什么都没有，什么也抓不住。既无法感知到自己的存在，也无法感知到世界的存在。

这也可以理解为一种幻灭感，是两种力量明显悬殊时，弱的那一方体验到的强烈的死亡恐惧感。幻灭感越来越多，人们的无助感和绝望感也会越积越多，当多到不能被消化的时候，会产生无意义感。

一个女孩说："我妈妈非要我按照她的意愿来选择专业，按照她的标准交朋友，以及选择工作。如果我不按照她说的去做，她就要死要活的。我之前一直乖乖听话，有自己的想法、愿望也不敢声张，直到有一天，我发现，我也没有了活下去的愿望、信心。如果我的声音不能透过这密闭的墙，我终将会带着柔弱的灵魂，还有这枯黄的皮囊走进坟墓。"

当一个人用死这么强大的武器来威胁你，你和他之间就是生与死的关系。妈妈感觉，女儿的任何一个不按照她意愿的选择，都是魔鬼。而女儿也感觉，妈妈的各种强势要求，就像一个魔鬼吞没了她。难怪，这个女孩到后来也觉得，人间不值得，绝望得想要死去。

在这个关系里，没有空间来盛放生与死的焦虑，有的只是必须、即刻、马上，选择生与死的残酷。这些必须、即刻、马上，带有强烈的紧迫感，仿佛是一个威力巨大的恶魔，让人无处可逃。

你死我活的时候，没有空间。别人想把你灭掉的时候，你也会使尽洪荒之力，把别人灭掉。在悬崖边上，那个时候的选择是线性的，最多只有两个面，这也是我们通常说的白与黑，好与坏，你与我，生与死的选择。

创造你自己的空间感

生的希望在于，你必须以绝对的优势强过对方。

这个，一定很难。

还有没有其他的办法？

有。

空间。

既然线性选择让自己陷入困境，那么为自己创造出空间感可以有更多的选择。

你可以这样做：从冲突里后撤一步、两步，甚至多步。与此同时，暂缓你的任何反应，就这样把这件事情先放一放。记住，不是放弃，而是暂停。大家看一看，如果两方都后退，空间就变大了；如果对方不退，你退，空间也会变大，只是更加有限一些。但如果，你退了，他紧追不舍，完全不给这个关系任何空间，那么至少，你还可以选择转身。游戏就可以结束了。

有了空间，时间也相对拉长了。这样，情绪就会有缓冲的余地，你也有了重新面对事情的可能。

给大家分享一个我朋友的故事。她跟我说她的领导没有问过她的任何意见，直接对她的客户做了放弃的处理，并且这件事情是由同事告诉她，以后不要再跟这个客户往来了。这真是令人生气啊！一个稳定的客户，不是那么容易培养起来的，虽然算不上是公司的大客户，但是也是跟公司有过合作的。放弃的原因，是这个客户向他们投诉过公司的一些令他不舒服的细节。领导认为这个客户太刁钻了，不好相处，直接让他沉没。

　　我朋友知道这个消息的时候，气到只想爆粗口。但当时正好赶上另一个会议，且整个下午的时间都被工作安排得满满的。所以她其实没有时间来理会那个让她不舒服的突发状况。到晚上下班的时候，她忽然想起这件事，这个时候，她发现气消了不少。

　　于是她开始想办法，事情要怎么应对才好呢？就这样一晚上过去了。第二天中午的时候，她已经想好了对策。这时候，她昨天感觉到的领导的巫婆形象，已经发生了变化，变成了一个人，虽然仍然是一个有些让人讨厌的人。但这个情况，已经比昨天的敌意氛围好了很多。

　　她经过思考后，跟这个领导说，理解她的初衷——是为公司着想，但是自己对这件事有自己的看法，希望这个看法能够得到尊重。最后，这件事情得到了一个圆满的解决。

　　朋友跟我说这个事情的时候，我被"时间"这个词给吸引了。我问她："如果当时你没有会议，以及满满当当的工作安排，你会怎样？"她说："我很有可能脑门儿一热，跟领导说出特别难听的话来。但是其实，我也不希望这样。虽然我觉得她做得太过武断，但是后来想了一想，还是有原因的。"

　　在爆发冲突的一刹那，你死我活的感觉被激活，作为一个人的主体性被威胁，攻击他人是很常见的自保行为。

　　一个关系，如果只是一次性的，见了一次不用再见，大概没有这么多压力。问题是，很多时候，我们的关系又没有断裂，还得相处，还得闹心，还得消耗，这也是很多人觉得，早晚都得面对，怎样都是要面对。那么，别着急，反正还要面对，干脆让时间变慢一点，让空间变大一点。这些慢下来的时候，情绪的张力也一点点降下来，这会为自己创造出更加有利的时机。

当我们被逼到悬崖，感觉自己被灭掉的时候，也会冲出一股力量，想要把对方灭了。当空间感被创造出来的时候，主体性也被重新确立，那种被强大力量带走的被覆灭感也渐渐走远，一个人更能够感觉到自己的存在，也更能够允许别人的存在。这个时候，不需要再去灭掉谁，不再是你死我活，而是我们可以共同存活。

弹性边界柔软而坚定

当边界模糊时，空间也就消失了，学会"容"，需要分清边界。

一位妈妈跟我说，她最近很累，忙着照顾孩子，孩子上学迟到，她比孩子还要着急。来回几次之后，她对孩子的一丁点小事情——原来可以忍受的，现在也变得难以忍受，总是挑剔孩子。

这样的焦虑，这样的烦躁，大家都很熟悉吧。所谓操碎了心，就是把自己该操的心，不该操的心，都操了。那能不累吗？把孩子的一切事情当成自己的事情，这是一种吞没式的关怀。

本来是孩子和妈妈共同完成的一件事情，因为妈妈的独自承担，变成了妈妈自己一个人的事情。双方的边界模糊不清，至少在妈妈这里是这样的。两个人的空间，有很大一部分重合了，又或者说，妈妈的空间覆盖住了孩子的大片空间。

假若孩子配合，会让妈妈有一种自恋满足的兴奋感。这个时候，愉悦的情感为多，很容易接受。但是，如果孩子不配合的话，那么妈妈感觉到的是挫败、难受、失望，这些感觉需要空间来消化和承载。可妈妈的空间此时已经所剩无几，她没有办法马上腾挪空间来应对这样的挫败和失望。

没有边界，就没有空间，也就没法真正地照顾好自己。

怎样分清边界？

我认为很多人，对自己的边界是有感知的。在一个关系里，感觉不舒服了，可能就是一个最直接的边界感。比如，在我们刚刚说到的这个案例里，妈妈的不舒服在于，她自己很着急，孩子却不像她这么着急，这个时候，需要重新回看一下，为什么会不舒服？有没有过界？每个人，哪怕是孩子，也要学着对自己的事情负责任。妈妈的责任是提供养育条件、支持、陪伴，而不是代替孩子面对那些迟到的后果。

对于这位妈妈来说，比较考验的是，如果不去代替孩子负责，自己的内心会经历什么？由这些引发的一系列的情绪，是需要妈妈自己去面对和承担的。这就是个人的事情个人负责。

那，怎么守住自己的边界？

再来讲一个我的小故事。

有一次，因为要处理一件事情，我认识了一个小姑娘。她问我做什么职业的，我说心理咨询和讲师之类。她听了之后说："啊，我有失眠耶，你能不能帮我治一下，不要钱吧？"我一听，感觉一股力量扑了过来。我心里想了一下，并不愿意跟她有这样的关系，于是我便很轻松的语气回复她："肯定不会要你的钱啦，但是我也不会给你治啊。因为熟人我们都治不好。就像医院的医生拿手术刀，不给自己熟人做手术一样。"她说："啊？还有这样子的啊？我们刚认识，不算熟人吧？"我说："算的，我们这样是多重关系，已经治不好了。"

这样的回复，我觉得很放松。因为，我说的是忠于我内心的话，也是明确表达了我的边界。我不在乎她怎么想我这个人，我要告诉她的是，我能做什么，这就是我的边界。

守住边界，你需要明确自己的方向，以及力所能及之处。是或者不，都是很清晰的，说话的语气、语调、方式可以很柔软，这就是有弹性的边界，柔软而坚定。

同时，我还想告诉你的是：请在你的内心，坚信自己的值得。你要相信，你是自己世界的国王，你镇守自己的边界，是天经地义的事情。你不守，谁替你守呢？当你的内心坚定自己的存在、自己的价值，你就会迸发出很多力量和智慧。

16世纪英国女王伊丽莎白一世，是最具力量的女性领袖。她非常善于使用手中的各种资源，使用自己的智慧和勇气，来维护英国的存在。当有异党试图威胁她时，她在恐惧中跟自己说："我父亲是国王，我是我父王的女儿，我一定要和我的人民在一起。"

是她的勇敢、坚定，以及信任自己的勇气，使她坚守住了自己的王位。在经过她近半个世纪的统治后，英国成为欧洲最强大的国家之一。

请坚信自己的珍贵，永远相信。

本节要点：

没有空间来容纳生与死的焦虑，唯有必须、立刻、马上的紧迫感，压抑得让人无处可逃。这时的选择往往是对立的，也就是我们常说的非黑即白、非好即坏。

创造新的空间感。从对立中后撤几步，暂时放下现实困境，有了空间，时间也相对拉长，情绪就会有缓冲的余地，你也有了重新面对事情的可能。

守住边界，需要清晰自己的边界并坚守。

三、真：直面世界真相

一位来访者，小时候对母亲讲各种自己觉得很厉害的事情，但是母亲手里总是拿着一本书，好像总有看不完的书。多年后，他成就了自己的事业，得到了鲜花、掌声、地位和金钱，然而童年期所欠缺的自恋需求仍然留存着。

这种欠缺是纵使世界都看见我，你却看不见我的缺失，这种看不见的期限则是永远，无论当下获得了多大的成功，总留存着回不到过去的遗憾。每一个人在人生中或多或少都有所缺失。

勇敢真实地活着

那个缺，是纵使这个世界都看见我，你却看不见我的缺。而这个看不见的期限，是永远。

那个缺，是无论我有多么大的能耐，我都回不去，请你再重新爱我一次的缺。

我们每一个人，都有这样的缺。

有些人，失去了身体的某一个部分；有些人，失去了心爱的人。而我们每个人，注定都会失去过往的岁月。

失去，让我们体验到无助、羞耻、愤怒。

失去，犹如我们内在残缺的一部分，变得不再完整。

痛苦，因为不完整而发生。痛苦，让人们烦躁、沮丧、挫败、恐惧。这些唤起了人们的攻击性。

人们对这个世界攻击的背后，是因为痛苦。痛苦让人变得更加执着和悲壮。

一个朋友跟我说，她养了两个孩子，孩子爸爸也在忙着上班，她的脾气暴躁，持续几年了，没有好转的迹象。她一直要求自己要做一个好妈妈，但是，总是在某些时候崩溃，把以前累积的好妈妈形象毁掉。越要求自己，越痛苦；越痛苦，越向外爆发。纵使不想伤害自己的孩子，他们也会被波及，甚至难以避免地成为自己情绪的垃圾桶。

我说："亲爱的，你就是太累了啊，没有照顾好自己啊。"

她说，这些年，她失去了太多，两个人的甜蜜时光不知道什么时候悄无声息地走了。晚上的安稳睡眠，好像成了奢侈。也太久没有跟朋友们一起去看电影了。

有了孩子，就把所有的时间留给了孩子，失去了自己。

一个把大把时间都留给孩子的人，如果不觉得幸福，那很可能是过度付出。而过度付出并不是现在才有的啊，可能很早的时候，就已经承担大人的职责，照顾父母的情绪。比如，父母的不高兴，你得受着，还得哄着。这又是一个失去，失去了童年，失去了属于那个年纪该有的自由快乐时光。

我的朋友这样感慨：小的时候，想当大人。终于有一天成了真正的大人，再也没有人说自己了，才发现，再也做不回孩子了。可是，做孩子的愿望无时无刻不在心里念着。

这大概是为什么很多人觉得小孩闹的时候，自己没有耐心的原因。除了父母并没有耐心对待过你这个原因，还有你自己在那个时候，就像一个小孩，渴望着有人来给你陪伴和关照。这个时候，你根本没有力气再去承接孩子的任何情绪了。

这是不是很残酷。正因为你曾经被爸爸妈妈狠狠攻击过，残忍忽略过，愤恨指责过，你知道那种痛，所以，你并不想要这样对待孩子，但是你还做不到。你甚至开始发现自己也成了那个让自己非常讨厌的人的样子。

我看到无数人，都是这样，无情地苛责自己。他们只学会了那个让他们讨厌的方式，他们没有办法爱自己。真正可怕的人，在我们自己内部。你对自己有多苛刻，你那里就有多痛。你有多痛，你就会多么想要去攻击。

面对真相

怎么做呢？看见、面对、接受、重生。

看见。希望你可以看见自己，至少从现在开始，先从一丝一毫的感觉开始，尝试着看见自己、关照自己。如果你感到疲惫需要休息，把孩子交给信得过的人照看。这几个小时，你可以什么也不做，哪怕只是躺在床上放松。你也可以做任何你想做的，记住你值得拥有这份自由，值得好好关照自己。请记住自己的珍贵和骄傲，而你的孩子也需要一个把自己关照好的妈妈。

看见真相。一个朋友跟我分享："我以前常常觉得活着是因为对爱与被爱的渴望与向往，现在想来，一直支撑我的，还有对真相的渴望。想起武老师签书时常用到的一句话'真相是永远的No.1'。

我这几天才开始明白我人生的一条主线，其实并不是我常常以为的被抛弃创伤，而是施受虐。当明白这一点，我开始拒绝对我施虐的人，哪怕他们对我有吸引力。同时，我发现，明白这个真相（我以为的真相）之后，我不再那么惧怕被抛弃了。真相有疗愈力呢。就像那天我们聊天，说到每个人到最后都会发现父母伤害我们的真相，都会对此有一个自己的解释，这些就是疗愈。"

这些话，特别打动我。

真相是什么？真相就是你眼中看到的一切，以及还没有来得及看到的一切。我和朋友聊天的时候，她谈到父母，总觉得父母伤害了我们，这一切都该归罪于他们。这是真相吗？这可能只是真相的一部分。

记得，小时候摔碎了一个盘子，还没反应过来，我妈一巴掌拍在我脑袋上，与之伴随的还有母亲的责骂声。年少的我倔强而羞愤地认为自己在她眼中连一个盘子都不如。这是年幼的我看到的真相之一。

长大后，有一次和母亲提到这件事，她眼圈泛红，嘴里硬气地说，那时候盘子好贵的。我从有些哽咽的声音里听到了愧疚，她心里明白，只是还要维持自己作为母亲的尊严。那天，母亲给我做小龙虾，一个一个清理，我说别这么麻烦了。母亲说，不麻烦，以前没钱给你们买好吃的，现在你想吃，我也买得起，有空就做给你吃。我心里突然一紧，鼻子有些发酸，以前只觉得母亲苛责、粗暴，有很长时间都觉得她是一个坏母亲，心里无数回地谴责她，那天却看到她这么柔情的一面。

有一次，我和一个姑娘谈论她的妈妈。谈到妈妈青春期的叛逆，15岁时，竟然在姨妈的帮助下，拿着户口本逃离家里，在外面找了一份自己中意的工作。我给她反馈，你妈妈既倔强，又勇敢。她忽然间说："你这么说，我忽然发现我妈妈是个活的人，是个有感情的人。而在此之前的很多年，我都觉得她像个机器。"

我们经常说真相，真相是什么？可能需要很多年，我们才能够看到事情更加完整立体的样子，但是更多的时候，因为曾经的伤，我们也只能看到真相的一面。当我们走近母亲，更深地了解她们，才发现曾经有很多关于她们的故事，我们也没有懂过。

希望你能有勇气去面对真实的自己，面对真相。

这并不是一件容易的事情，每当我们感受到痛苦羞耻，就会费尽心力地防御躲避。当这个保护机制启动，也会在很大程度上缓解自身的压力，但是问题并没有真正地解决，始终回荡在心中，也从未离开过那个痛苦的中心。如果想要打破这种重复，需要将你的勇气释放出来。

真实的自己，是有残缺的，是不完美的，甚至是脆弱的，让我们的勇气带领我们来面对他。这就是自己啊。不管怎么想逃避，他还是在那里，不离不弃。

这所有的一切，都是你的一个部分。让我们把慈悲、爱、理解和宽容带到这里，我们可以陪伴这个伤痛，还可以尝试跟它们一个一个地对话。你会发现很多惊喜。你也可以尝试给它们都安排一个房间，一个一个地安放好。

要知道，你在做世界上最勇敢的事情。这可能会唤起你的恐惧、无助、焦虑，甚至愤怒，没有关系。让这一切经过你，这就像是一场痛苦的洗礼，未来你会看到它的价值。

很难接受失去，是人性的一部分，这毕竟是一个损失。人在这种痛苦里待着，也是每天都在折磨自己，如果我多努力一些，就不会失去这个机会；如果我多努力一些，可能结果就会不一样。其实已经很努力了，却仍然觉得自己不够努力，无论如何不原谅自己，不能接受已经发生的过往，始终与内在的超级自恋争斗。

这当然是因为痛苦。失去，太可怕了；接受，太难了。

我想提供一个新的视角来看看。之前那个一直责怪自己的是苛刻的父母意象，我们现在替换一个包容理解的新客体意象：作为一个人，你已经竭尽全力，你是否还忍心责怪自己？

让那个包容加入进来，从现在开始就关照自己、拥抱自己、接受自己。没有人不犯错误，没干过蠢事，你并不需要把自己当作全能的神，你无法让时光倒流，但可以慢慢做出新的选择，尊重过往，接受现实，活在当下。

如果自己尽力了，还是不能接受怎么办？答案就是接受自己还不能接受的事实，并不是为了接受而接受，而是要了解自己、觉察自己的节奏，慢慢来，顺其自然。当你能够看见、面对和接受，就能够和过去的那些伤痛慢慢告别，开始重生之旅。这时候，你会变得更加自由，更加有力量，更加有勇气，也更加有信心。逝去的不会再回来，倒塌的却可以重建，曾经失去的可以在别的地方发出新的枝丫、开出新的花朵。

最后我还想跟你说的是：希望。

记得电影《少年派的奇幻漂流》中支撑主人公活下来的那句话：永远不要放弃希望。这句话也送给你，让我们在真实的世界里深情地活着，永远不要放弃希望。

本节要点：

失去，犹如我们内在残缺的一部分，变得不再完整。痛苦，因不完整而出现，令人烦躁、沮丧、挫败、恐惧，也诱发出自身的攻击性。

真相是什么？可能需要很多年，我们才能够看到事情更加完整立体的样子，但是更多的时候，因为曾经的伤，我们只能看到真相的一面。

尝试着和真实的自己对话，这个过程可能会唤起你的恐惧、焦虑，甚至愤怒，没有关系，当这一切情绪流经你的身体，就像一场痛苦的洗礼，你会发现很多惊喜。

当你能够看见、面对和接受，就能够和过去的那些伤痛慢慢告别，开始重生之旅。这时候，你会变得更加自由，更加有力量，更加有勇气，也更加有信心。

互动：在恐惧的无措中"定"下来

一位读者说："我是经常使用一种方法来分清现实和幻觉。但是这个办法是建立在对方也遵守规则上。那么，如何应对喜怒无常的人？比如，我小时候，我的父母非常喜怒无常，成绩不好的时候，有时候会打我，有时候会骂我，有时候可能只是继续跟其他人聊天。同样，成绩好的时候，可能打，可能骂，可能夸，可能没反应。这种时候，真正的恐惧会发生：到底什么时候打？有时候甚至去激怒对方打或者骂一顿，我好继续写作业。立刻打或者骂其实对我来说是最好的情况，因为打完就可以专注自己的事了。

那么，长大之后，我面对社会上各色的人，这时候就发现这个模式不起作用了，需要重新去识别每个人是否尊重规则。这一点让我很累，因为我不知道这个人的下限和上限在哪里。这时候最恐惧的部分又会浮现：靴子怎么落地，以及什么时候落地？请问，这种恐惧怎么应对？"

回应：

怎样应对这个恐惧，让自己"定"下来？

首先要能明白，之所以不能够"定"，仍然是，在心里面发生了一个"我很弱，对方很强"的认同。在这个认同之下，"弱"的部分出来，自然是战不过对方的"强"。

第一步，看到这个认同，并让自己的心理年龄增大。比如，想象成年的你，在应对这个困难情境，会怎么做。

第二步，方向清晰。

让自己"定"下来，需要知道自己真正想要的是什么。

把注意力放在外面的时候，是我们无法与自己的"恐惧"安排在一起的时候。

当你说"靴子怎么落地，以及什么时候落地"的时候，你的自我已经被幻想中父母的反应和恐惧给带走了。那个时刻，你成了记忆中那个无论做什么都会被可怕对待的小孩。那么小孩最需要什么呢？其实是需要情绪的安抚和陪伴，即需要有人和孩子的"恐惧"待在一起。

如果这时候把方向放在"靴子落地"上，显然只是表面的需求。这一次确认了，下一次还是惶恐。我们要去触碰更深层的需要。并直接去满足这个需要。

比较有用的方式是直接与这个恐惧的部分进行对话。

可以做的是，回到自己的中心，深呼吸，感受自己的情绪。看看浮现出来的情绪是什么样子的。允许这个情绪流动。当你做这些的时候，可以呼唤一个更强大的力量跟自己在一起。想象他们的样子，并邀请他们进入你的内心，一起陪伴你。

在你感觉可以的时候，跟自己那个曾经受过伤的内在小孩说："亲爱的，我知道你很害怕。我正在陪着你。"

通常这样的练习做了一些之后，那个恐惧的小孩将有可能得到一些力量和安抚。这样也能够慢慢地从那个恐怖的情境里面来到现实。在现实层面去处理和辨别，带给自己的安心就会多一些。

第三步，理解自己的恐惧。

在你描述的场景里面，我看到，因为父母的反应是喜怒无常，没有任何章法的。这是另外你的一个恐惧，就是对不确定的恐惧。

对不确定的恐惧，其实是一种没有任何坐标的恐惧。这种恐惧，无法直接聚焦，又痛苦异常，所以，会启动幻想。大家知道，幻想启动的时候，恐惧有可能是以几何倍数扩大。对于孩子来说，这会带来极大的失控感。

所以，相比父母没有反应，孩子反倒是希望他们能有点什么反应，这样，就会有确定的感觉。而确定代表着某种安全。虽然这种确定，看起来有些伤害的味道，但是熟悉的感觉如此重要，因为它代表着某种内心深刻的连接。所以，内心总会无意识呼唤这样的感觉。

关于这部分恐惧，理解自己是很重要的，尤其是看到自己在这个恐惧中的无力和愤怒。像第二步那样做一些练习是有帮助的，你不妨试一试。

来看第二个问题。

一位读者留言：

"我想到我的孩子经常对我表达攻击性，往往是抱怨我照顾二宝比较多，但是我经常处于手忙脚乱的情况，就会不耐烦地攻击回去——'不要说些这样的话了！我很烦的。'我很希望我能做她表达攻击性的外部容器，不知该怎么做呢？"

回应：

作为一个也有两个孩子的母亲，我深深理解你的感受和反应。我相信你已经在尽你的全力爱护每一个孩子了，只是你的精力有限。要想传递出自己的爱，外在的扩容的确非常重要。

怎样做好一个外部容器？

首先，照顾好自己，这需要空间。

自己内在的空间要大一些，才能够容得下孩子的情绪。从你的反应来看，你的疲惫，已经让你的空间变得比较狭窄了。那要做的最重要的事情，就是减少自己照顾孩子的时间，让自己得到多一些的休息。

人们在自己没有被照顾好，却还不得不照顾别人的时候，是没有耐心来承接别人的任何一点情绪的。这也需要自己下定决心，照顾好自己，这样你就会找到时间让自己放松。

其次，容纳消化孩子的情绪。

容纳的意思是，装下孩子传递过来的情绪。这些情绪可以在你这里留一段时间，不急于反弹回去。像这位朋友说的不耐烦地攻击回去，是意味着没有装下，看起来就像是装不下。这里要注意的是，稳住自己。这就要用到我们讲的"定"那一部分的方法。

再次，消化情绪，重新赋能。

孩子有什么情绪，在发展过程中都可能出现，关键是，父母可以帮助消化这些不同的感觉，包容它们、调节它们，赋予其意义，然后返还给孩子。

当孩子的情绪能够被看见、被理解，并收到父母消化后的反馈时，孩子就会从这个过程里学会，怎样理解自己，忍受痛苦的情绪。这样，孩子容纳情绪的能力也会提升。这也是一个促进心智化发展的过程。

孩子一生都必须面对这样的事实——她还有一个弟弟或者妹妹，这些她需要去面对，并处理好与他们的相处。

消化的过程非常考验父母。父母需要了解的是，孩子这么说，是在表达什么呢？也许在表达她对母亲没有满足她的愤怒，对于失去了曾经的爱的悲伤，对于再也不是母亲唯一孩子的无助。

当孩子非要缠着妈妈去抱怨，一定是这个孩子自己已经无法承受这些情绪的困扰了。其实，每一个人的内在发展一般都是会先使用自己的内在资源，当内在资源不够用的时候，才会求助外面。当孩子跟妈妈撒气的时候，也正是她的内在已经没有空间、没有力量处理的时候。她并不是无缘无故地要来烦妈妈，她是在向妈妈寻求帮助。

你可以尝试这样说："亲爱的，我知道你的感受了。妈妈希望能够找时间多陪陪你，让你感觉到妈妈依然爱你。"

那么说到做到。大孩子经历的丧失感，需要妈妈多一些的陪伴，才能够使孩子确认妈妈的爱没有离开。这个部分的爱可以帮助孩子应对丧失感。当她有更好的方式确认妈妈永远爱她，她就不需要总是用攻击妈妈的方式来确认了。

最后，共享欢乐，多赞扬。

多观看他们的游戏，甚至参与进去，分享他们的快乐，而且给予热烈的赞扬和肯定，对父母与孩子双方来说，这都是一种更令人喜悦的容纳功能。

我们来看最后的问题及分享。

一位读者留言：

"'定'这部分内容，使我受益匪浅。我真的就是超级容易被人带跑偏的人，而且我心中总有个否定自己的声音。比如，今天我买了一位老师的课，听了两堂，感觉没什么我想要的干货，我心中就有个声音站出来说，让你别买你非要买，乱花钱！就知道败家。这时，我就感觉自己很有挫败感，很快就被带跑偏。不知道怎么办？"

回应：

我非常欣赏你的勇气。当下的觉察生动、鲜活。我在你的文字里，看到了坦率和真诚。

之所以会被带跑偏，是因为你不能坚守自己的内心所要。选择是否有价值是根据当下的某一个时刻而决定的，也有可能下一次，你觉得有获益的时候，又觉得很有价值。这种由外界决定，而不是由你自己决定的情景，是自己内在不稳定的呈现。

这背后是因为无法接受的丧失之痛。虽然只是一两次课，但对你来说，就像是很大的一个损失。当你对自己的选择很不坚定时，就给了苛责的人指责你的机会。心中的那个声音，通常是源于你被苛责对待过。

怎么办？最重要的秘诀就是，减少对自己的苛责，接受这个当下。

就在此时此刻，你的确是感觉到不舒服了，有挫败了。这就是当下最真实的存在，我们的身体不会欺骗我们，我们的感觉也不会欺骗我们。这些感觉非常值得存在。甚至，这让我们体验到，我们正在投入自己的生命。

有一些不舒服的感觉，不代表自己不好，即便是后面综合评估，认为之前的选择是错的，也不需要否定当时的决定，那个时候一定有那个时候的需要。

没有做到一个完美的选择，几乎是我们生活的常态，这不能成为受责备的理由。

每一个人都是从丧失中成长的。当你买了一件衣服，你觉得并不那么喜欢，你知道了自己为什么不那么喜欢，你渐渐会在各种买买买中，确认自己真正喜欢的风格，买课程也一样。除了内容，还有，为什么买这个课？感觉怎么样？是不是我想要的？等等，这些所有的思考，都是在帮助自己不断成长。

我很喜欢看大家的留言。觉得大家的留言都特别珍贵，这就是你们向这个世界伸展生命力的方式。无论是从哪个角度来觉察自己，都会对未来的选择带来更多的确认。

最后，分享一位朋友激动人心的留言。愿她的留言带给大家更多的希望和力量。

"老师，我感觉我已经在这个关于攻击性的内容里得到了成长了，像是上了一个台阶，从体谅自己到不苛责自己，知道要学会放下但是不知如何才放得下。现在一遍又一遍地阅读老师的内容，不同时间段得到的感悟是不一样的。

内心觉得更自由了，以前要是老板问我工作得怎么样，适不适应之类的话，我都觉得是往负面想，是不是我做得不够好，他们才这么问我，现在不会了。

我觉得这也是一份关心，心情好，心境也大不一样了，就连平时交代工作的时候一脸严肃的老板娘，平时我们在各自工作的途中遇到，她冲我笑，我都觉得她特别美。同事们都特别好，总之就是感觉什么好，什么都顺。

这样的感觉简直太棒了，老师的这些内容我要一字一句抄下来，帮助实在是好大好大，我想我可能不止要抄一遍，感谢老师下午的回复。你说：'我在，亲爱的。'看到这句话时一股暖流涌上心头，有种心动叫被恋爱了，就是暖心，整个下午一想到这句话，再累都不怕。感恩老师分享的内容，感谢老师的关注，好爱好爱你哦。"

谢谢这位朋友的留言。在这个南方湿冷的冬日里，我感觉好温暖。同样温暖的话还有很多。谢谢各位一路来的相互陪伴。

如果你觉得这些对你帮助，也欢迎你分享给你的朋友，让大家一起受益。